Reinhardts Gerontologische Reihe
Band 25

Erich Grond

Altersschwermut

Mit 13 Abbildungen und 17 Tabellen

Ernst Reinhardt Verlag München Basel

Prof. Dr. med. *Erich Grond,* Psychotherapeut und Internist, bis 1993 Prof. für Sozialmedizin und Psychopathologie an der Kath. Fachhochschule Köln. Seit 33 Jahren Dozent in der Aus- und Fortbildung von Altenpflegern und Krankenschwestern, seit 1993 Lehraufträge für Gerontopsychiatrie an verschiedenen Fachhochschulen, seit 1998 an der Universität Dortmund.

Titelbild: Vincent van Gogh, Porträt des Dr. Paul Gachet

Die Deutsche Bibliothek – CIP-Einheitsaufnahme
Grond, Erich:
Altersschwermut / Erich Grond. - 1. Aufl., -
München ; Basel : E. Reinhardt, 2001
  (Reinhardts gerontologische Reihe; 25)
  ISBN 3-497-01573-3

ISSN 0939-558X

© 2001 by Ernst Reinhardt, GmbH & Co KG, Verlag, München

Dieses Werk, einschließlich aller seiner Teile, ist urheberrechtlich geschützt. Jede Verwertung außerhalb der engen Grenzen des Urheberrechtsgesetzes ist ohne schriftliche Zustimmung der Ernst Reinhardt GmbH & Co KG, München, unzulässig und strafbar. Das gilt insbesondere für Vervielfältigungen, Übersetzungen in andere Sprachen, Mikroverfilmungen und für die Einspeicherung und Verarbeitung in elektronischen Systemen.

Printed in Germany

Ernst Reinhardt Verlag, Postfach 38 02 80, D-80615 München
Net: www.reinhardt-verlag.de Mail: info@reinhardt-verlag.de

Inhalt

Einleitung

1	**Wie ist Altersschwermut zu erkennen?**	10
1.1	Schwermut als Lebensgefühl Älterer	10
1.2	Altersschwermut als Krankheit – Welche Anzeichen sind häufig?	11
1.2.1	Erste Orientierungsfragen zur Selbstdiagnose	11
1.2.2	Psychische Klagen	12
1.2.3	Körperliche Klagen	15
1.2.4	Die Diagnose Depression	17
1.2.5	Soziale Folgen	21
1.3	Wie ist Altersschwermut abzugrenzen?	21
1.3.1	Schwermut als Krankheit und Trauer	21
1.3.2	Schwermut und Abhängigkeit	24
1.3.3	Schwermut und Demenz	24
1.3.4	Altersschwermut und andere Störungen	26
1.4	Welche Depressionsformen unterscheidet die Medizin?	27
1.4.1	Alte, ursachenbezogene Einteilung	27
1.4.2	Neue beschreibende Einteilung der affektiven Störungen nach ICD 10	30
1.4.3	Häufige Probleme bei Altersschwermut	37
2	**Wie häufig ist Altersschwermut?**	40
3	**Wie ist Altersschwermut zu verstehen?**	42
3.1	Unmittelbar auslösende Faktoren	42
3.2	Welche Faktoren machen Altersschwermut verständlich?	43

3.2.1	Individuelle Faktoren	44
3.2.2	Interaktionelle Bedingungen: Ansteckung	54
3.2.3	Schwermut-Ursachen in Familie oder Station, systemische Entstehungsbedingungen	57
3.2.4	Soziale Entstehungsfaktoren	64
3.2.5	Depressionsfördernde Umwelt	67
3.2.6	Multifaktorielle Entstehung von Schwermut	67
3.3	Wie verläuft eine Altersschwermut?	68
3.4	Wie ist die Heilungsaussicht (Prognose)?	72
3.5	Welche Gefahren drohen bei Schwermut im Alter?	72
3.5.1	Wahnhafte, psychotische Depression	72
3.5.2	Chronifizierung bei Therapieresistenz	75
3.5.3	Rückfälle	76
3.5.4	Wie ist Verzweiflung im Suizid zu verhindern?	77
4	**Wie ist schwermütigen Älteren zu helfen?**	**89**
4.1	Umgang mit alten Schwermütigen	89
4.1.1	Ziele des Umgangs: personenzentrierter Umgang	89
4.1.2	Therapeutische Grundhaltung	90
4.1.3	Hilfreicher Umgang mit Altersschwermütigen	90
4.1.4	Wie sollten Sie mit Schwermütigen nicht umgehen?	91
4.1.5	Fragen zur Selbsterfahrung der Helfer	92
4.1.6	Wie können Helfer mit Schwermütigen kommunizieren?	93
4.1.7	Gute Beziehung als Heilmittel für Schwermütige	93
4.2	Welche ganzheitlichen Hilfen gibt es?	94
4.3	Psychotherapie bei Altersschwermut	95
4.3.1	Kognitive Verhaltenstherapie	97
4.3.2	Interpersonale Psychotherapie	109
4.3.3	Familien- und Paartherapie	110
4.3.4	Psychodynamische Fokaltherapie	110
4.3.5	Andere psychotherapeutische Verfahren	112
4.3.6	Wann ist Psychotherapie ungeeignet?	112
4.3.7	Spirituelle Hilfen bei der Sinnfindung	112
4.3.8	Hilfen der Seelsorge für alte Schwermütige	115

4.4	Soziotherapie	116
4.4.1	Sozialpsychologische Ansätze	116
4.4.2	Milieutherapie: Sozialökologischer Ansatz	118
4.4.3	Begleitung der Angehörigen	118
4.4.4	Aufgaben der Sozialarbeiter für Depressive	122
4.4.5	Wann ist Klinikeinweisung notwendig?	123
4.5	Körperbezogene Behandlung (Somatotherapie)	124
4.5.1	Entspannungstherapie	124
4.5.2	Bewegungs- und Beschäftigungstherapie	125
4.5.3	Pharmakotherapie mit Antidepressiva	126
4.5.4	Schlafentzug, Wachtherapie	131
4.5.5	Lichttherapie	132
4.5.6	Elektrokrampftherapie	132
4.5.7	Andere Therapien	132
4.5.8	Internistische Begleitbehandlung	133
4.5.9	Warum widersetzen sich Ältere einer Hilfe?	133
4.6	Rehabilitation Depressiver	134
5	**Selbsthilfe in Schwermut, Hoffnungs- und Sinnlosigkeit**	137
6	**Wie ist Schwermut im Alter vorzubeugen?**	141
6.1	Primärprävention	141
6.1.1	Körperliche Primärprävention	141
6.1.2	Psychische Primärprävention	142
6.1.3	Soziale Primärprävention	143
6.1.4	Ökologische Primärprävention	143
6.2	Sekundärprävention	143
6.2.1	Körperliche Sekundärprävention	143
6.2.2	Psychologische Sekundärprävention	143
6.2.3	Soziale Sekundärprävention	144
6.3	Tertiärprävention	144
7	**Sterbebegleitung bei Altersdepressiven**	145

8	Wie können Helfer eigene Schwermut verhindern?	...	148
8.1	Burnout und Schwermut	....	148
8.2	Welche Hilfen brauchen Helfer?	....	150
8.2.1	Hilfen durch Verantwortliche und Politiker	....	150
8.2.2	Selbstsorge der Helfenden	....	150

Anhang 152

Inventar depressiver Symptome (IDS) 152
An wen können Sie sich wenden? Wichtige Adressen 158
Literatur 160
Sachregister 166

Einleitung

Ältere wissen oft nicht, wie sie Gefühle von Schwermut bewältigen können, wenn sie sich als nutzlose Last der Gesellschaft empfinden. Der Begriff Altersschwermut drückt in diesem Buch aus, wie sich Schwermütige fühlen: schwer, elend, erschöpft, schwernehmend, niedergedrückt von schweren Problemen. Ausgeprägte Schwermut ist die Krankheit Depression, früher Melancholie, jetzt affektive Störung genannt. Die Übergänge von Schwermut zur Krankheit Depression sind fließend. Deshalb wird in diesem Buch der Begriff Altersschwermut auch gleichbedeutend mit Altersdepression gebraucht. Altersschwermut ist bei 70–90Jährigen die häufigste psychische Krankheit. Sie wird oft nicht erkannt und nicht behandelt. Sie ist der blinde Fleck der Medizin. Alte Menschen in ihrer Schwermut zu verstehen kann schon eine Hilfe sein. Altersschwermut entwickelt sich oft aus unbewältigter Trauer über die zahlreichen Verluste. Viele individuelle, zwischenmenschliche und systemische Bedingungen verstärken sich wechselseitig. Verzweifelte alte Menschen sind viel häufiger als jüngere Depressive gefährdet, sich selbst zu töten. Schwermut ist immer behandelbar, wenn auch nicht immer heilbar. Ganzheitliche Hilfen beschränken sich nicht nur auf Antidepressiva, sondern umfassen Psycho-, Sozio-Therapie, spirituelle und Selbsthilfe gleichgewichtig. Altersschwermut zu verhindern ist eine wichtige Zukunftsaufgabe. Das Buch wendet sich an Betroffene, Angehörige, Begleiter und berufliche Helfer.

Schwermut kann ein sinnvoller Weg vertiefter Menschlichkeit werden.

Hagen, Oktober 2000   Erich Grond

1 Wie ist Altersschwermut zu erkennen?

1.1 Schwermut als Lebensgefühl Älterer

Schwermut als Lebensgefühl hat es immer gegeben. Im Buch Kohelet des Alten Testamentes steht schon, daß alles eitel sei. Hippokrates bezeichnete Schwermut als Melancholie und verstand darunter die Wirkung der „schwarzen Galle". Im Mittelalter wurde Schwermut als Folge einer schlechten Lebensführung bewertet, d. h., den Betroffenen wurden Schuldgefühle gemacht. Nach der Temperamentenlehre galt der Melancholiker als eines der vier Temperamente neben Choleriker, Sanguiniker und Phlegmatiker. Albrecht Dürer und Lukas Cranach malten die Melancholie. Nach Pascal sei alles langweilig, trübsinnig, verzweifelt, der Mensch sei verloren und müsse bald sterben. Nach Goethes „Die Leiden des jungen Werther" wurde der Weltschmerz, die Schwermut als pessimistisches Lebensgefühl zu einer Zeitkrankheit ab Beginn des 19. Jahrhunderts. Es verbreitete sich immer mehr die Meinung, daß nur Künstler und Dichter die Schwermut, die Melancholie verstehen könnten, wie die Werke von Heine, Storm oder Fontane belegen. Gottfried Keller verherrlichte die Melancholie sogar: „sei mir gegrüßt, Melancholie". Daß man der Melancholie Lust abgewinnen müsse, ist nicht mehr zu verstehen. Guardini sagte zurecht, Schwermut reiche tief in die Wurzeln unseres Daseins, aber zuunrecht, Schwermut sei zu schmerzlich, als daß man sie den Psychiatern überlassen dürfte. Psychiater definierten Schwermut als die Krankheit Melancholie, später als Depression und jetzt als affektive Störung.

Stimmungsschwankungen wie Weltschmerz, Schwermut, Melancholie, Kummer, Überdruß, Verzagtsein, Unzufriedenheit, Mißgestimmtheit, Erschöpfung oder Abgespanntsein sind normale Schwankungen des Erlebens und Befindens. Durch Anstieg von Belastungen, Hektik, Überforderungen, Erholungsmangel und Genußmittelkonsum nehmen Verstimmungen zu. Ältere erleben die schwermütige Verstimmung öfter als Jüngere, wenn sie krank oder arm werden, vereinsamen, immer mehr Ressourcen verlieren, oder sich bei Pflegebedürftigkeit als Last fühlen und nicht mehr glauben. Schwermut als trübsinnige Stimmung ist keine Krankheit und bedarf keiner Behandlung, besonders nicht mit Beruhigungsmitteln. Gegen diese Form der Schwermut als Verstimmung helfen, wie jeder weiß, gesunde Lebensweise, Entspannung, erfreuliche Tätigkeiten, Vermeiden von Überforderung und Sinnorientierung.

Ältere, die viele Verluste erleben, reagieren mit normaler Trauer. Trauer dauert länger und ist schmerzlicher als Verstimmungen. Während schwermütiges Lebensgefühl oft ohne erkennbare Ursache auftritt, wird Trauer meist durch einen Schicksalsschlag ausgelöst. Schwankende Stimmungen sind von der bleibenden Schwermut als Krankheit leicht abgrenzbar. Trauer kann in die Krankheit Schwermut übergehen, wenn Ältere nicht gelernt haben, Trauer zu bewältigen. Die Übergänge von Trauer in Depression sind fließend. Die Abgrenzung ist erst möglich, wenn die Kriterien der Depression geklärt sind. Es sind aber nicht nur objektive Symptome, die die Krankheit Schwermut ausmachen, sondern vor allem der subjektive Leidensdruck, der den Kranken zum Arzt führt.

1.2 Altersschwermut als Krankheit – Welche Anzeichen sind häufig?

1.2.1 Erste Orientierungsfragen zur Selbstdiagnose

Mit folgenden Fragen können Sie den Verdacht auf eine Schwermut wahrscheinlich machen (Hautzinger 2000, 4):

(1) Haben Sie Freude an Dingen verloren, die Ihnen sonst Spaß machen?
(2) Fühlen Sie sich meist niedergeschlagen, traurig oder hoffnungslos?
(3) Fehlt Ihnen der Antrieb für alltägliche Aufgaben?
(4) Grübeln Sie viel?

Wenn Sie von diesen Fragen eine oder mehrere bejaht haben und die Beschwerden schon länger als zwei Wochen andauern, dann beantworten Sie noch die folgenden Fragen:

(5) Wachen Sie mitten in der Nacht oder auch frühmorgens auf, fühlen sich schlecht und können nicht mehr einschlafen?

(6) Haben Sie Konzentrationsprobleme oder fällt es Ihnen neuerdings schwer, Entscheidungen zu treffen?

(7) Haben Sie schon daran gedacht, daß es besser wäre, endlich tot zu sein?

Wenn Sie eine oder mehrere der letzten Fragen bejahen, dann könnte eine Schwermut vorliegen. Die Diagnose der Krankheit Schwermut oder Depression umfaßt Symptome des Denkens, Fühlens, der Motivation, des Verhaltens, der Interaktion und der vegetativen Funktionen. Folgende depressive Klagen bedingen den subjektiven Leidensdruck des schweren Krankheitsgefühls der Schwermut:

1.2.2 Psychische Klagen

Wahrnehmung ist auswählend (selektiv) negativ: „Ich kann nichts"; „Ich kann nicht wollen"; „Ich bin nichts"; sie sieht nur das Dunkle, das Unangenehme und Bedrückende, nicht das Positive.

Denken ist eingeengt, verzerrt. Schwermütige grübeln viel, bewerten sich negativ und beschuldigen sich selbst als Versager, so daß das Selbstwertgefühl immer mehr sinkt. Sie denken mühsam, verlangsamt, einfallsarm, sind unkonzentriert, haben Schwierigkeiten, sich etwas Neues zu merken („Leere im Kopf"), denken fast täglich zwanghaft an Tod oder an Selbsttötung (Lebensüberdruß) und automatisch negativ, verallgemeinern („es ist immer so, nie anders, alle mögen mich nicht, keiner kann mir helfen"); er/sie schreibt sich selbst die Mißerfolge zu und Erfolge den Umständen. Er/sie selbst, die Umwelt und die Zukunft seien negativ (kognitive Triade): er/sie ist negativ eingestellt gegenüber sich selbst (als Person, zu den eigenen Fähigkeiten und zum Aussehen), die Umwelt könne nicht helfen und die Zukunft sei aussichts-, ausweg- und zwecklos. Schwermütige erwarten Strafen oder Katastrophen. Sie haben strenge, überhöhte Ansprüche an sich selbst, an Angehörige und an die Verhältnisse oder Umstände. Schwermütige verallgemeinern pessimistisch und erklären, sie seien allein, stets und für alles verantwortlich. Geschehenlassen sei Pflichtverletzung. Schwermütiges Denken und ständige Selbstkritik wird zum seelischen

Schmerz, der jeglichen Mut raubt. Aus negativen Gedanken folgen negative Gefühle.

Ältere Schwermütige sind oft reizbar oder dauernd unzufrieden, weil sie perfektionistisch von Schulddenken eingeengt sind. Wenn sie an strengem Gewissen und hohen Ansprüchen festhalten, schreiben sie jeden Mißerfolg eigenem Versagen zu bis zu einem schwer beeinflußbaren Schuldwahn. Sie verleugnen oft Krankheitsbefürchtungen bis zum Wahn, Krebs zu haben, leiden unter Kontaktangst und tiefer Traurigkeit. Sie bringen eher folgende Klagen vor: „Ich bin so niedergeschlagen, unruhig, gereizt oder passiv wie erstarrt und habe Angst".

Fühlen: Schwermütige fühlen sich elendig, innerlich leer. Das Gefühl der Gefühllosigkeit ist sehr schmerzhaft. Eine 70Jährige klagte: „Ich habe ein Herz aus Stein", „Ich fühle mich wie versteinert und kann nicht weinen" (tränenlose Trauer). Für die Vergangenheit überwiegen Schuldgefühle, in der Gegenwart ein niedergeschlagenes, gedrücktes Gefühl („zentnerschwere Last"), tiefe Trauer, Einsamkeit; vor der Zukunft haben sie Angst und Sorgen. Schwermütige fühlen sich wie eingesperrt und die Zeit steht still. Weil sie sich für alles verantwortlich fühlen, leiden sie unter starken Versagens- und Schuldgefühlen, entwerten sich ständig selbst oder sind wütend auf sich. Den Verlust der Gefühle faßt das Losigkeitsbündel zusammen: Schwermütige fühlen sich wert-, interesse-, entschluß-, hilf-, freud-, willen-, kraft-, energie-, antriebs-, wort-, ziel-, gefühl- und leb-, trost-, mut-, aussichts-, ausweglos. Hoffnungslosigkeits- und Sinnlosigkeitsgefühle charakterisieren besonders alte Schwermütige, bei denen folgende Gefühle überwiegen:

Schuldgefühle treten regelmäßig auf, oft bis zu wahnhafter Verzerrung, besonders bei anerzogenem strengen Gewissen. Wenn die Beziehung sehr intensiv oder ambivalent ist, entwickeln sich Schuldgefühle bei Trennungen, besonders bei Suchtkranken, (siehe Seite 24).

Scham führt zum Selbstwertverlust der Schwermütigen. Beschämende Erlebnisse wie Versagen in Alltagsverrichtungen oder in Intimpflege bei Inkontinenz fördern Vermeidungstendenz und Rückzug in Schwermut. Scham und Ekel in der Pflege sind tabuisierte Gefühle, die von Kranken und Pflegenden verdrängt oder verleugnet werden und zu einer Schwermut beitragen können. Wer sich schämt, aktiviert depressive Denkstile und Schwermut.

Angst ist häufig bei schwerer Depression und als soziale Phobie (Angst aufzufallen) bei depressiver Neurose. Bei Angst können zunächst schwermütige Symptome fehlen wie Wertlosigkeitsgefühl, Schlafstörungen und Suizidneigung. Bei seelischen Krisen entwickelt sich aus Angst eher eine Schwermut als umgekehrt, ja bei zunehmender Schwere einer Depression läßt Angst nach. Angst und Schwermut rufen gleiche körperliche Bereitstellungsreaktionen zu Flucht oder Kampf hervor wie im Streß. Ältere haben Angst vor Achtungsverlust bei Versagen, vor Kränkungen, vor Verlassenwerden, Einsamkeit und vor Abhängigkeit bei Pflegebedürftigkeit. Depressive wehren mit dem strengen Gewissen Ängste durch aggressive und sadistische Zwangs-Impulse ab, z. B. Grübelzwänge. Gegen die Zwänge erleben sich Schwermütige als macht- und hilflos. Zwänge sind schwieriger zu beeinflussen als Angst. Den Zwangskranken helfen Serotonin-Wiederaufnahme-Hemmer, weil bei Zwängen Serotonin-Mangel nachgewiesen ist.

Feindseligkeiten bei Altersschwermut vergraulen die Angehörigen. Schwermütige sind in aggressions-unterdrückenden Kulturen häufiger, richten Aggressionen gegen sich selbst bis zum Suizid und oft auch gegen den Partner, was Schuldgefühle verstärkt, lösen bei den Helfern auch Aggressionen aus. Sie versuchen ihre Schwermut durch Aggression nach außen zu bewältigen und können in ambivalenten Beziehungen nicht mit Wut und Ärger umgehen.

Motivation: Schwermütige fühlen sich interesse-, lust-, einfalls- und entschlußlos, sind antriebsgehemmt, „Ich kann nicht wollen", entscheidungsunfähig, vermeiden, sich zu etwas zu entschließen, weil sie sich ambivalent hin- und hergerissen fühlen. Jeden Vorschlag von Angehörigen beantworten sie mit „ja, aber ..." Sie fühlen sich überfordert, vermeiden Verantwortung, ziehen sich zurück bis zum Suizid oder werden von Bezugspersonen immer abhängiger. Weil sie sich hilflos, nicht kontrollfähig und interesselos erleben, werden sie antriebslos.

Psychomotorik-Symptome können immer wieder wechseln zwischen gehemmtem oder unruhigem Verhalten. Gehemmtes Verhalten wird eher erwartet: sie sitzen apathisch in der Ecke, gebeugt, spannungsleer, bewegen sich langsam, blicken auf den Boden ohne Blickkontakt, sie sagen leise, monoton: „Ich möchte, aber kann nicht". Das Gesicht ist traurig besorgt, oft wie erstarrt, die Mundwinkel herabgezogen, die Falten vertieft. Diese typischen Symptome, wie Hemmung von Wahrnehmung, Denken, Fühlen und Antrieb, werden von Älteren oft überspielt. Ängstlich-unruhige, agitiert Depressive finden keine Ruhe, fangen ständig etwas Neues an, ohne es zu Ende zu führen. Sie jammern ängstlich und laufen unruhig hin und her. Sie werden von Angehörigen und Helfern oft als „verwirrt" fehleingeschätzt und mit Neuroleptika ruhiggestellt. Wenn sie antriebslos in der Ecke sitzen, werden sie als Demente verkannt (Tabelle 1).

1.2.3 Körperliche Klagen

Körperliche Beschwerden stehen im Alter im Vordergrund. Die Vitalgefühle sind gestört. Schwermütige sind müde, kraft-, energielos, erschöpft, erschlafft, wie zerschlagen. Das Elendigkeitsgefühl überwiegt. Bei schwerer Depression nehmen Appetit und Gewicht eher ab, bei leichter auch zu (Kummerspeck).

Altersschwermütige sind häufig verstopft und klagen über trockenen Mund. Leicht Schwermütige können schlecht einschlafen, schwerer Depressive nicht durchschlafen, sie wachen gegen 2–3 Uhr nachts auf und schlafen nicht wieder ein. Grübelnd wälzen sie sich im Bett, möchten im Morgentief nicht aufstehen, sich die Decke über den Kopf ziehen und liegen bleiben. Sexuelles Verlangen schwindet.

Altersschwermütige klagen häufig über Schmerzen, oft im Kopf und Nacken, dann in Brust und Rücken oder auch im Bauch. Mit den Schmerzen suchen sie zuerst den Hausarzt auf, der die Beschwerden als Multimorbidität oder als vegetative Störung oder als Neurasthenie deutet und die Kranken mit Neuroleptika oder Benzodiazepinen ruhigstellt. Wenn körperliche Symptome die psychischen überdecken, spricht man von somatisierter, maskierter oder larvierter Depression.

Die Somatisierungsneigung Älterer hat viele Gründe. Sie ist kultur- und zeitabhängig, weil die Krankenrolle eines körperlich Kranken einen größeren Krankheitsgewinn ermöglicht als die Rolle eines psychisch Kranken in unserer Gesellschaft. Manche Schwermütige projizieren ihre Trauer, Schuldgefühle oder Aggression in den Körper, weil sie nicht gelernt haben, diese als negativ bewerteten Gefühle mit Worten zu äußern. Andere regredieren in körperliche Beschwerden im

Sinne des Rückzugs auf sich selbst. Andere Schwermütige glauben, in Identifikation mit dem verlorenen Partner an der gleichen tödlichen Krankheit wie der Verstorbene zu leiden. Wenn keine zu den Beschwerden passenden Befunde zu erheben sind, werden diese Altersschwermütigen als Hypochonder abgewertet und nicht mehr ernstgenommen, so daß sie sich in einen Krankheits- oder nihilistischen Wahn („Ich bin nichts mehr, weil mir niemand glaubt") steigern können.

In abnehmender Häufigkeit werden in der ärztlichen Praxis folgende Symptome vorgebracht (Laux 1994): Interesse- und/oder Freudlosigkeit, Schlafstörungen, Konzentrations- und Denkstörungen, Angstgefühle, Unruhe, psychomotorische Hemmung, Gefühl der Wertlosigkeit oder Schuld, Energielosigkeit und Gedanken an den Tod.

Tabelle 1: Nonverbale Signale der Schwermut

non-verbal	gehemmt Schwermütige	agitiert-ängstlich Depressive
Gesicht	kaum Blickkontakt, blicken auf den Boden	fixieren nicht, weinen viel, unruhig hin und her blickend
Mimik	müde, abwesend, schlaff	erregt, gereizt, ängstlich, gespannt, unsicher
Sprechen	stockend, leise, wortkarg, klagsam anklagend	laut, jammernd klagend, erregt
Bewegung	verlangsamt	getrieben, fahrig, zittrig
Gang	schleppend	ruhelos
Haltung	schlaff gebeugt, in sich gekehrt	verkrampft
Händedruck	kraftlos	anklammernd
Gestik	erstarrt	händeringend, Beine unruhig, kratzen, reiben sich

1.2.4 Die Diagnose Depression

Nach ICD 10 (International Classification of Diseases, 10. Ausführung) hat eine leichte depressive Episode je 2 Haupt- und Zusatzsymptome, eine mittelgradige 2 Haupt- und 3–4 Zusatzsymptome, und eine schwere depressive Episode ohne Psychose hat 3 Haupt- und über 4 Zusatzsymptome und wird als Major Depression bezeichnet.
Melancholie ist eine mittelgradige oder schwere Depression mit körperlichen Symptomen, d. h. mit mindestens 4 der folgenden 8 Symptome: Deutlicher Verlust an Freude/Interessen, fehlende Fähigkeit, emotional auf Ereignisse zu reagieren, frühes Erwachen und Morgentief, starke Hemmung oder Unruhe, Appetit- und Gewichtsverlust von 5 % im vergangenen Monat und deutlicher Libidoverlust. Die ICD 10 unterscheidet die Schweregrade nach Symptomen (Tabelle 2).

Tabelle 2: Diagnose nach Symptomen und Schweregrad

Hauptsymptome	Zusatzsymptome	Schweregrad
depressive Stimmung, Verlust von Interesse und Freude, Antriebsminderung und erhöhte Ermüdbarkeit	Konzentration und Aufmerksamkeit vermindert, Selbstwertgefühl und Vertrauen herabgesetzt, Gefühle von Schuld und Wertlosigkeit, negative, pessimistische Zukunftsperspektiven, Suizidphantasien, Schlafstörungen, verminderter Appetit	
2 + 2		leichte Episode
2 + 3–4		mittelgradige
3 + >4		schwere Episode
Dauer der Haupt- und Zusatzsymptome mindestens 2 Wochen		

Eine *psychotische Depression* ist eine schwere depressive Episode mit zusätzlich psychotischen Symptomen:

- Wahnideen (Versündigungs-, Schuld-, Krankheits-, Verarmungswahn) und Beziehungsideen oder Halluzinationen,
- depressiver Stupor: regungslos, versteinert, gesperrt. Schizoaffektive Störung hat zusätzlich formale Denkstörung.

Tabelle 3: Allgemeine Depressions-Skala (ADS-Kurzform)

Während der letzten Woche	selten	manch-mal	öfter	meistens
• haben mich Dinge beunruhigt, die mir sonst nichts ausmachen	0	1	2	3
• konnte ich meine trübsinnige Laune nicht loswerden	0	1	2	3
• hatte ich Mühe, mich zu konzentrieren	0	1	2	3
• war ich deprimiert, niedergeschlagen	0	1	2	3
• war alles anstrengend für mich	0	1	2	3
• dachte ich, mein Leben ist ein einziger Fehlschlag	0	1	2	3
• hatte ich Angst	0	1	2	3
• habe ich schlecht geschlafen	0	1	2	3
• war ich fröhlich gestimmt	3	2	1	0
• habe ich weniger als sonst geredet	0	1	2	3
• fühlte ich mich einsam	0	1	2	3
• habe ich das Leben genossen	3	2	1	0
• war ich traurig	0	1	2	3
• hatte ich das Gefühl, daß mich die Leute nicht leiden können	0	1	2	3
• konnte ich mich zu nichts aufraffen	0	1	2	3
Summenwerte von über 17 Punkten sind depressionsverdächtig.				

Verdacht auf Depression besteht, wenn der Kranke
- tägliche Aufgaben nicht bewältigen kann,
- kleine Arbeiten als unüberwindlichen Berg empfindet,
- über Schlafstörungen und innere Unruhe klagt,
- sich mit Selbstvorwürfen plagt,
- sich für wertlos oder schuldig hält und
- Selbsttötungsabsichten äußert.

Für Ältere eignet sich die „Allgemeine Depressions-Skala" (Tabelle 3) in der ADS-Kurzform (Hautzinger 2000, 25) zur Kontrolle.

Depressive Symptome sind im Beck-Depressions-Inventar zur Selbstbeurteilung (BDI, Beck 1996), in der Hamilton-Depressionsskala zur Fremdbeurteilung (HAMD, Hamilton, CIPS 1981), im Inventar Depressiver Symptome IDS (Hautzinger 2000, 302–305, im Anhang) und in der Geriatrischen Depressions-Skala (GDS, Yesavage 1983) erfaßt.

Tabelle 4: Kurzfragebogen als Diagnosehilfe (Margraf 1991)

Wie sehr litten Sie in den letzten sieben Tagen unter...	überhaupt nicht	wenig: es störte mich nicht sehr	mittel: unangenehm, ich konnte es aushalten	stark: ich konnte es kaum aushalten
	0	1	2	3
Energielosigkeit oder langsamem Denken, Bewegen				
Schwermut				
Interesselosigkeit				
Hoffnungslosigkeit				
Gefühl, alles anstrengend				
Gefühl, wertlos zu sein				
Depression: keine bei 0–3, möglich bei 4–6, sicher ab 7 Punkten.				

Tabelle 5: Geriatrische Depressions-Skala (GDS-Kurzform)

	Punkte je Antwort	
1. Sind Sie grundsätzlich mit Ihrem Leben zufrieden?	ja / 0	nein / 1
2. Haben Sie viele Ihrer Aktivitäten, Interessen aufgegeben?	ja / 1	nein / 0
3. Haben Sie das Gefühl, daß Ihr Leben leer ist?	ja / 1	nein / 0
4. Sind Sie oft gelangweilt?	ja / 1	nein /0
5. Sind Sie meistens guten Mutes?	ja / 0	nein / 1
6. Haben Sie manchmal Angst, daß Ihnen etwas Schlechtes zustößt?	ja / 1	nein / 0
7. Fühlen Sie sich die meiste Zeit glücklich?	ja / 0	nein / 1
8. Fühlen Sie sich oft hilflos?	ja / 1	nein / 0
9. Ziehen Sie es vor, zu Hause zu bleiben anstatt auszugehen und neue Dinge zu tun?	ja / 1	nein / 0
10. Haben Sie das Gefühl, mit dem Gedächtnis in letzter Zeit mehr Probleme als sonst zu haben?	ja / 1	nein / 0
11. Haben Sie den Eindruck, daß es schön ist, jetzt in dieser Zeit zu leben?	ja / 0	nein / 1
12. Fühlen Sie sich ziemlich wertlos, so wie Sie jetzt sind?	ja / 1	nein / 0
13. Fühlen Sie sich voll Energie?	ja / 0	nein / 1
14. Haben Sie den Eindruck, daß Ihre Situation hoffnungslos ist?	ja / 1	nein / 0
15. Haben Sie den Eindruck, daß es den meisten besser geht?	ja / 1	nein / 0
6 Punkte und mehr sprechen für eine Depression.		

1.2.5 Soziale Folgen

- Sozialer Rückzug schützt Schwermütige vor der Angst, kritisiert oder zurückgewiesen zu werden. Sie sehnen sich nach Nähe und haben gleichzeitig Angst davor. Sie brechen Kontakte ab, weil sie glauben: „Ich werde nicht gemocht", und sie reagieren hilflos-feindselig.
- Sie haben Beziehungsstörungen zu wichtigen Personen, weil sie emotional nicht mitschwingen können und innerlich erkalten.
- Vernachlässigung von Kleidung und Körperhygiene folgt aus dem Wertlosigkeits- und Kleinheitsgefühl und verwundert die Angehörigen.
- Unfähigkeit, sich zu alltäglichen Aufgaben aufzuraffen („doppelter Einsatz bei halbem Ertrag") verärgert andere.

1.3 Wie ist Altersschwermut abzugrenzen?

1.3.1 Schwermut als Krankheit und Trauer

Trauer ist ein normaler Entwicklungsprozeß des Abschiednehmens. In der Trauer durch Verluste von Mitmenschen, Aufgaben und Fähigkeiten, z. B. durch Erkrankungen, treten unterschiedliche Gefühle auf, wie z. B. Schock, Sehnsucht, Gefühl verlassen und einsam zu sein, hilflos und von anderen abhängig zu werden, Enttäuschung, Wut, Zorn, Angst vor der Zukunft und Schuldgefühle. Einige Trauernde stumpfen ab, andere regredieren, andere verleugnen. Wie der einzelne reagiert, ist davon abhängig, wie er in seiner Biographie Verluste zu bewältigen gelernt hat, welche positiven Aspekte er im Augenblick wahrnehmen kann und welche Zukunftsperspektiven er hat. In der Trauer können verschiedene körperliche Reaktionen die Gefühle begleiten oder ersetzen:

Trauernde fühlen sich schwach, energielos, müde, werden kurzatmig, erleben das Gefühl des leeren Magens, einer Brustbeklemmung oder einer zugeschnürten Kehle oder eines trockenen Mundes, verlieren an Appetit, Gewicht, sind im Schlaf gestört und tagsüber geistesabwesend. Manche seufzen, stöhnen, holen tief Luft oder rufen laut nach dem Verlorenen. Manche glauben, den Verstorbenen zu sehen, seine Schritte oder seine Stimme zu hören oder ihn zu riechen. In tiefer

Trauer sind diese vorübergehenden Halluzinationen normal. Stimmungen, Gefühle und körperliche Reaktionen sind bei jedem Trauernden anders und schwanken sehr stark.

Um sich neu orientieren zu können, müssen Trauernde Abschied nehmen, innerlich von bisherigen Quellen der Freude und äußerlich von bisherigen Formen der Alltagsbewältigung. Der Trauerprozeß nach Partnerverlust ist umso belastender, je kleiner das soziale Netz, je geringer außerfamiliäre Beziehungen und je geringer die Fähigkeit ist, den Alltag zu bewältigen. Partner sterben nach, wenn sie bei geringer Alltagskompetenz die eigene Situation als unveränderlich erleben. Trauer nicht nur nach Verlust der Bezugsperson, sondern auch nach Verlust von Rollen, Aufgaben, Gesundheit und Fähigkeiten und vorwegnehmende Trauer vor dem Sterben kann Schwermut fördern. Kruse (1992) weist auf die Trauer nach Grenzerfahrungen hin. Alternde erleben in Kompetenzverlusten das Ende einer Täuschung über sich, d. h. Grenzen, die sie in Frage stellen, ihre Identität bedrohen oder erschüttern. In Grenzerfahrungen braucht der Trauernde keinen Rat, sondern einen Mitmenschen, der ihm zuhört, Anteil nimmt und akzeptiert, wenn er sich zur Selbstfindung zurückzieht. Wer Trauer nicht wahrnimmt, täglich mit Ablenkungen betäubt, verhindert Trauerarbeit und weitere Entwicklung, d. h., er bleibt in seiner Schwermut stecken. Viele Ältere haben den Krieg mit schweren Verlusten von Angehörigen, von Heimat und Besitz, von Freiheit in Gefangenschaft und bisherigen Wertvorstellungen erlebt, ohne sich mit der Geschichte auseinandersetzen zu können: Diese „Unfähigkeit zu trauern" nach Mitscherlich (1967) erklärt, warum Ältere umso eher schwermütig werden, je mehr sie im Krieg belastet waren und je weniger sie diese Belastungen verarbeiten konnten.

Die Trauer behindernde Faktoren sind

– In der Biographie erlernte Trauerabwehr durch Ablenkung.
– Ambivalente Beziehung zur verlorenen Person oder Aufgabe.
– Mangelnde Kompetenz, den Alltag zu bewältigen.
– Fehlende außerfamiliäre Trauerbegleiter.
– Zu ständiger Aktivität ratende Trauerbegleiter.
– Gesellschaftlich bedingte Unfähigkeit zu trauern.
– Abwertung von Trauer als mangelndes Gottvertrauen.

Tabelle 6: Abgrenzung zwischen Trauer und Schwermut

Trauernde	Depressive
fühlen sich normal und leistungsfähig	fühlen sich von der Krankheit überwältigt, arbeitsunfähig, elend
trauern begrenzte Zeit	sind länger depressiv, gehemmt, erschöpft
bewältigen ambivalente und Schuldgefühle	beschuldigen sich selbst und fühlen sich wertlos, denken an Suizid
können sich entscheiden	„Ich kann nicht wollen"
finden neue Ziele, Sinn	finden keine Zukunftsperspektive, sind hoffnungslos
weinen, verstehen die Ursache	sind oft unfähig zu weinen und verstehen die Ursache nicht
Gespräche erleichtern	verdrängen unverarbeitete Trauer, Gespräche erleichtern erst später
lösen sich vom Verlust	halten fest, sind unfähig zu trauern
suchen Kontakte	ziehen sich zurück

Die Übergänge von Stimmungstief, Verstimmtheit, Verbitterung, Mißmut oder Erschöpfung über normale Trauer bis zur Krankheit Depression sind fließend. Eine Null-Bock-Stimmung kann jeder verändern, aber nicht eine Schwermut. Trauerarbeit erleichtert das Abschiednehmen. Depression ist nicht vertiefte Trauer, sondern Störung der Trauerbewältigung.

Trauer ist ein natürlicher Prozeß im Leben eines jeden Menschen und nicht ein Symptom der Schwermut. Unverarbeitete Trauer kann im Alter ohne erkennbare Grenze in eine Depression übergehen. Die Abgrenzung in Tabelle 6 bleibt ein Versuch.

Unangemessenes (pathologisches) Trauern kann zur Schwermut führen, wenn die vierte Phase des Trauerprozesses nach Bowlby (1983) nicht erreicht wird:

– Lähmung und Gefühllosigkeit: „Ich spüre nichts".
– Suche nach dem Verlorenen: „Als wäre er noch am Leben".

- Desintegration: „Ich weiß nicht, wie es weitergeht".
- Integration und Abschluß: „Das Leben muß weitergehen".

1.3.2 Schwermut und Abhängigkeit

2–12 % der Alkoholkranken waren vor der Abhängigkeit schwermütig und 12–51 % dieser Kranken werden sekundär depressiv (Möller et al. 2000, 119). Schwermütige sind suchtgefährdet, weil Alkohol, Nikotin oder Medikamente wegen der stimmungsaufhellenden Wirkung zum Fluchtmittel aus Sinnlosigkeit und Angst werden. Der Kranke versucht eine „Selbstheilung", er trinkt nicht zum Vergnügen, sondern um seine Verzweiflung besser zu ertragen, jedoch erfolglos. Bei Abstinenz kehrt die normale Gemütslage wieder. Es können schwermütige Symptome wiederkehren, so daß er rückfällig wird oder Beruhigungsmittel nimmt, bis Sucht und Depression nicht mehr zu trennen sind. Die anfängliche Schwermut wird oft übersehen, weil die Abhängigkeit immer mehr in den Vordergrund tritt auch bei Frauen, die erst im Alter von Benzodiazepinen abhängig werden. Niedergelassene Ärzte verschreiben diese Beruhigungsmittel als Antidepressiva mehr denn Gespräche zu führen. Nach der Berliner Altersstudie (1996) nahmen nur 3,7 % der über 70Jährigen Antidepressiva, aber 17,9 % Benzodiazepine. 40 % der Patienten mit einer depressiven Störung erhielten Benzodiazepine und nur 6 % Antidepressiva. Andererseits ist Sucht ein wichtiger, vernachlässigter Auslöser von Schwermut, zumal Abhängige stark suizidgefährdet sind.

Tiefenpsychologisch wird die Sucht als orale Gier nach Zuwendung (Schwermut als Zuwendungsmangel-Krankheit) oder als Versuch gedeutet, sein strenges Gewissen („Ich müßte ...") zu betäuben. Bei Suchtkranken ist ein Serotonin-Mangel nachgewiesen, so daß bei einer Depressionstherapie mit Serotonin-Wiederaufnahme-Hemmern meist das Suchtproblem schwindet und die Rückfallgefahr sinkt.

1.3.3 Schwermut und Demenz

Wenn ein alter Mensch niedergeschlagen, initiativelos und schlafgestört ist, sich nicht konzentrieren und sich nichts mehr merken kann, können auch erfahrene Psychiater Demenz und Depression nicht sofort unterscheiden. Ein Schwermütiger ist mit zunehmender Schwere

Tabelle 7: Abgrenzungsversuch von Schwermut und Demenz

	Schwermütiger	Demenzkranker
Beginn	rasch, zuerst depressiv	schleichend, zuerst vergeßlich
Leistung	leidet unter Vergeßlichkeit, klagt massiv, grübelt, schildert detailliert Versagen	unaufmerksam, Merkschwäche, bagatellisiert, verleugnet, verbirgt, überspielt Versagen
Orientierung	klar	desorientiert
Sprache	verlangsamt	zerfällt zunehmend
Antworten	"Ich weiß nicht"	fehlerhaft, redet vorbei
Stimmung	gedrückt, entwertet sich	schwankend, beschuldigt andere
Wahnideen	einfühlbar, Schuldwahn	unverständlich, Bestehlungswahn
Verhalten	antriebsarm	unruhig, vernachlässigt sich
Kontakte	zieht sich zurück	versucht Kontakte zu erhalten
Antidepressiva	verbessern Beschwerden	verbessern kurz oder verschlechtern
Prognose	besserungsfähig bis heilbar	fortschreitend

seiner Erkrankung immer stärker in seiner geistigen Leistungsfähigkeit eingeschränkt. Ein Dementer kann umgekehrt auf seine Intelligenzeinbußen mit einer reaktiven Depression reagieren. Eine Alzheimer-Demenz kann mit einer Depression zusammentreffen, weil beide Erkrankungen häufig sind. Erschwert wird die Unterscheidung, weil alte Schwermütige ihre Vergeßlichkeit betonen. Der Begriff „depressive Pseudodemenz" wurde durch *„Demenzsyndrom bei Depression"* ersetzt. Schwermut kann eine Demenz vortäuschen. Eine frühere Depression und eine rasche Krankheitsentwicklung sprechen eher für eine Schwermut. Tests und Computertomogramme verbessern die

Trennschärfe nicht. Das Demenzsyndrom bei Depression verschwindet bei Behandlung. Von 1000 Patienten mit Gedächtnisstörungen hatten in der Memory Clinic Essen 50 % eine Demenz und 31 % andere psychische Störungen (davon ¼ Depressionen, ⅖ neurotische Störungen, Nehen 2000). Bei Alzheimerkranken können trizyklische Antidepressiva wie Saroten wegen der anticholinergischen Wirkung Verwirrtheit auslösen, Nebenwirkungen, die Begleiter dem Arzt melden müssen. Demenzkranke und Schwermütige brauchen Aktivierung, Selbstpflege und Angehörigen-Begleitung. Je weiter Demenz oder Schwermut fortschreiten, umso leichter sind sie zu unterscheiden.

Der Mini Mental Status Test (MMST) nach Folstein (1990) hilft als Suchtest demente von nicht-dementen depressiven Älteren zu trennen. Die Fragen erfassen Orientierung, Sprache, Aufmerksamkeit, Merk-, Rechen- und Erinnerungsfähigkeit.

1.3.4 Altersschwermut und andere Störungen

Anpassungsstörung, reaktive Depression. Eine deprimierte Gestimmtheit folgt auf ein belastendes Ereignis oder auf eine Lebenskrise, nach Tod oder Trennung. Die traurige gedrückte Stimmung, Angst, Besorgnis, nicht zurechtzukommen, schränken die tägliche Routine ein. Die Anpassungsstörung dauert weniger als einen Monat und erreicht nicht die Schwere einer Depression.

Krankheitsbefürchtungen (Hypochondrische Störung). Die Kranken sind dauernd davon überzeugt, eine schwere körperliche Erkrankung zu haben, und weigern sich, die Versicherung mehrerer Ärzte zu akzeptieren, daß keine Körperkrankheit zu finden ist. Altersschwermut führt oft zu hypochondrischen Ideen, doch gehen schwermütige Klagen voraus und überwiegen. Bei depressiven Psychosen ist der hypochondrische Wahn fixiert, unkorrigierbar und unwiderlegbar.

Bei Müdigkeitssyndrom (Neurasthenie) hält das Erschöpfungsgefühl nach geringer Anstrengung länger als 6 Monate an. Dazu kommen Muskelschmerzen, Schlafstörung, Spannungskopfschmerz, Unfähigkeit zu entspannen und Reizbarkeit. Die Abgrenzung gegenüber einer Schwermut gelingt nicht immer.

Funktionsstörung (somatoforme autonome), früher als vegetative Dystonie oder Organneurose bezeichnet, ist Symptom der Altersschwermut, wenn die Schwermut den Organbeschwerden vorausging. Die Kranken beschäftigen sich quälend mit der Möglichkeit einer ernsthaften Erkrankung, ohne daß eine Störung nachweisbar ist.

Vielfältige psychosomatische Störung (Somatisierungsstörung). Die Kranken mit häufig wechselnden körperlichen Beschwerden haben eine lange Patientenkarriere mit vielen negativen Untersuchungen und ergebnislosen Operationen hinter sich. Die Konzentration auf körperliche Symptome entlastet emotional. Die chronischen Symptome verringern soziale Aktivitäten und führen durch Hilf- und Hoffnungslosigkeit zu Schwermut. Somatisierungsstörungen beginnen nicht erst im Alter, bestehen seit vielen Jahren in den verschiedensten Organen mit „doctor and clinic shopping". Eine zugrundeliegende Schwermut wird oft nicht erkannt und nicht behandelt.

1.4 Welche Depressionsformen unterscheidet die Medizin?

1.4.1 Alte, ursachenbezogene Einteilung

Bisher wurden drei Formen differenziert: exogene (körperliche und neurotische) und endogene Depression. Altersschwermut ist durchmischt, mehrschichtig, d.h., diese Formen sind im Alter nicht mehr klar abgrenzbar.

Körperlich bedingte (somatogene) Depressionen

Somatogene sind hirnorganisch bedingte Depressionen bei Hirnschädigung oder symptomatische bei anderen Leiden oder durch Arznei bedingte (pharmakogene) Depressionen.

Organische, körperlich begründbare Depressionen: Mittelschwere Hirnschädigungen führen bei einem Drittel der Kranken zu depressiven Symptomen, bedingt durch Ungleichgewicht von Überträgerstoffen und durch Zelluntergang bei Hirnerkrankungen.

Organische Depression bei Alzheimer-Demenz ist von Demenz schwierig abzugrenzen. Das Demenzsyndrom bei Depression kann ein Vorläufer der Alzheimer-Demenz sein. Vor Schwermut und Demenz können uncharakteristische Symptome auftreten: Potentialeinbuße (Kompetenzverluste), Leistungsabnahme, frühzeitige Erschöpfbarkeit, Reizbarkeit, Versagensängste, nachlassende Wachheit, Schlafstörungen. Die Diagnose Demenz ist heute Mode. Depression wird verkannt, obwohl diese Diagnose eher akzeptiert wird als die Diagnose Alzheimer.

Organische Depression bei gefäßbedingter (vaskulärer) Demenz und nach Apoplex wird häufig als Verarbeitungsreaktion beschrieben. Fast jeder zweite Patient mit einer vaskulären Demenz hat depressive Symptome, in der Kernspintomographie sind oft schon im Frühstadium Hirnveränderungen bei den Hochdruck- und Herzkranken zu erkennen. Depressives Überdrußdenken und Antriebsverlust verstärken kognitive Leistungseinbußen. Hirninfarkte in der dominanten oder/und in beiden Hirnhälften bedingen häufiger depressive Symptome als ein Infarkt in der nicht-dominanten Hirnhälfte (Lechner 1989). Eine vaskuläre Demenz beginnt akut, verläuft schubförmig wiederkehrend und geht oft mit Schlaf-Wach-Umkehr und einem plötzlichen Wechsel von Lachen und Weinen einher im Gegensatz zur Alzheimer-Demenz. Da die kritische Krankheitseinsicht bei vaskulär Dementen länger als bei Alzheimer-Kranken erhalten bleibt, kommt zu den organischen Faktoren eine depressive Reaktion.

Depression tritt bei jedem zweiten *Parkinsonkranken* auf, ist nicht von der Schwere der Erkrankung abhängig, geht mit geistigen Einbußen einher und tritt bei ¼ vor den typischen Parkinsonsymptomen auf. Gebückte Haltung, verlangsamtes Denken und Reagieren (Bradyphrenie) finden sich bei Depressiven und bei Parkinsonkranken. Diese werden gesellschaftlich als typisch altersabgebaut abgewertet und reagieren oft auf Zittern und Steifigkeit mit depressiver Verstimmung. Der Dopaminmangel bei Parkinson trägt zur Gleichgewichtsstörung der Überträgerstoffe nor-Adrenalin und Serotonin bei wie bei Depressionen. Bei Parkinson mischen sich also reaktive und organische Faktoren. Dopaminhaltige Medikamente bessern die Depression und anticholinergische Antidepressiva die Parkinsonsymptome.

Depression bei Veitstanz (Chorea Huntington) ist Folge einer Gleichgewichtsstörung der Überträgerstoffe Dopamin und GABA (Gamma-Amino-Buttersäure).

Depressionen bei Epilepsie, bei MS (Multipler Sklerose) und bei Zustand nach Hirntumoren können reaktiv und organisch durch Hirnveränderungen und Störung der Überträgerstoffe erklärt werden.

Symptomatische Depressionen: Dabei ist die Depression Symptom einer Hirnfunktionsstörung bei einer anderen Erkrankung oder einer Arzneimittelnebenwirkung. Wie bei den organischen Depressionen kommen häufig depressive Reaktionen hinzu. Symptomatische Depressionen wurden bei folgenden inneren Erkrankungen beschrieben: bei Erkrankungen von Leber (Hepatitis, Leberzirrhose), Niere (Nierenbeckenentzündung, Dialyse), Prostata und Darm, bei niedrigem und hohem Blutdruck und bei Zustand nach Infarkt, bei Hormonstörungen, z. B. Oestrogenmangel im Klimakterium, bei Über- und Unterfunktion der Schilddrüse, bei Cortisonüberschuß infolge Überfunktion der Nebennierenrinde und bei ¼ der Diabetiker, bei rheumatischen Erkrankungen, bei Blutarmut, Eiweiß- und Vitamin-B12-Mangel, bei chronischen Infektionen mit Tuberkulose, AIDS und Bornaviren, bei Leukämie, bei ½ der Krebskranken (Pankreas-, Bronchial- und Ovarial-Carcinom) besonders nach Bestrahlung und Cytostatica, bei Alkoholismus und Medikamentenmißbrauch.

Ob eine Depression symptomatisch ist oder parallel zu den genannten Erkrankungen im Sinne der Komorbidität auftritt, ist oft schwer zu entscheiden. Symptomatische Depressionen sind von der larvierten Depression zu unterscheiden, bei der depressive Gefühle in den Körper verlagert werden: der Kranke klagt über Schmerzen oder Druck in Kopf, Nacken, Brust, Rücken oder Bauch, auch ohne daß ein inneres Leiden vorliegen muß. Bei der Multimorbidität Älterer werden meist Befunde erhoben, die zu den Beschwerden passen, und entsprechend behandelt. Dabei wird die zugrundeliegende Schwermut bei ¾ der Kranken übersehen.

Pharmakogene (durch Arzneimittelnebenwirkungen bedingte) Depressionen entstehen durch Veränderung des Überträgerstoffwechsels. Depressionen als unerwünschte Nebenwirkung sind bei Dauerbehandlung mit folgenden Medikamenten gesichert (nach Möller et al. 2000, 1110):

– Blutdrucksenker, die Reserpin, a-Methyldopa, Clonidin oder Propanolol (ß-Blocker Dociton) enthalten,

- Cortison, Gelbkörperhormon (in Wechseljahrs-Tabletten),
- Calciumantagonisten wie Cinnarizin und Flunarizin,
- Antibiotika wie Gyrasehemmer (z. B. Ciprobay),
- Aknemittel wie Isotretinoin (Roaccutan),
- Lipidsenker wie Pravasin und Mevinacor.

Wahrscheinlich tragen folgende Mittel zur Depression bei: Blutdrucksenker wie ACE-Hemmer, Mittel gegen Rhythmusstörung, Diltiazem, Magenmittel wie Metoclopramid, Cimetidin, Ranitidin und Sulfasalazin, Interferon ß, Zytostatika, Entzündungshemmer wie Indomethazin, Neuroleptica und Mittel gegen Epilepsie. Angehörige können die Nebenwirkungen beobachten und diese Arznei ersetzen lassen.

Im Alter ist es oft unmöglich zu entscheiden, ob eine Depression organisch oder eine psychische Reaktion oder eine Reaktivierung einer durchgemachten Depression ist.

Endogene Depression

Diese alte Bezeichnung sollte ausdrücken, daß die Depression aus der Anlage, nicht durch äußere Einflüsse (exogene wie somatogene und psychogene Depressionen) entstanden sei. Die Kriterien entsprechen der Depressiven Episode mit somatischen oder psychotischen Symptomen.

Neurotische Depression

Neurotische Depression wird jetzt Dysthymie genannt.

1.4.2 Neue beschreibende Einteilung der affektiven Störungen nach ICD 10

Die ICD 10 paßt sich an DSM-IV (Diagnostisch-Statistisches Manual in 4. Ausführung, 1994) an. In der ab 1.1.2000 für Ärzte verbindlichen ICD 10 der Weltgesundheitsorganisation sind in Kapitel V (F) die psychischen Störungen eingeteilt. Darin tauchen Begriffe wie Altersdepression, endogene Depression, manisch-depressive Erkrankung nicht mehr auf. Manische und depressive Leiden werden als Affektive Störungen F3 zusammengefaßt.

Tabelle 8: Neue und alte Bezeichnungen für Depressionen

Neue Bezeichnung nach ICD 10		alte Bezeichnung
F3	Affektive Störungen	Depressionen und Manien
F30	manische Episode	Manie
F31	bipolare affektive Störung gegenwärtig manische Episode gegenwärtig depressive Episode	manisch-depressive Erkrankung (MDE)
F32	depressive Erst-, Einzelepisode: leichte mit/ohne somatische Symptome mittelschwere mit/ohne somatische Symptome: Major Depression schwere mit somatischen Symptomen	Melancholie
F33	rezidivierende depressive Störungen: leichte, mittelgradige, schwere	
F34	anhaltende affektive Störungen: Zyklothymia Dysthyme Störung, Dysthymie	zyklothyme Persönlichkeit neurotische Depression
F38	andere affektive Störungen	
F39	nicht näher bezeichnete affektive Störungen	

Altersschwermut ist nach der ICD 10 entweder einer gegenwärtig depressiven Episode einer bipolaren affektiven Störung (F31), einer depressiven Erst- oder Einzelepisode (F32) oder einer rezidivierenden depressiven Störung (F33), einer anhaltenden affektiven Störung (F34), d. h. einer Dysthymie (neurotischen Depression) oder einer anderen affektiven Störung (F38) oder am häufigsten einer nicht näher bezeichneten affektiven Störung (F39) zuzuordnen. Von allen bisher als endogene, jetzt als bipolar affektive Störungen bezeichneten machen manische Episoden 10 %, bipolare manisch-depressive Erkrankungen (MDE) 30 % und Major (schwere) Depression etwa 60 % aus.

Major Depression tritt zu ¼ als Einzelepisode und zu ¾ wiederholt als rezidivierende Störung auf. Tabelle 8 stellt neue und alte Bezeichnungen gegenüber.

F30 Manische Phasen

Manische Episoden als Teil einer bipolaren affektiven Störung sind im Alter sehr selten und fast immer ist eine manische Episode in jüngeren Jahren vorausgegangen (de Leo u. Diekstra 1990). Manisch Kranke sind im Wahrnehmen, Denken, Fühlen und Antrieb aufgedreht. Bei Manie treten mindestens drei der folgenden Symptome auf: Gehobene Stimmung, vermehrter Antrieb oder Aktivität, herabgesetztes Schlafbedürfnis, überhöhtes Selbstgefühl, geschärftes oder ungewöhnlich kreatives Denken, mehr Geselligkeit, Gesprächigkeit (redselig, Ideenflucht, witzig), gesteigertes Interesse an angenehmen (z. B. sexuellen) Aktivitäten, überoptimistisch oder Übertreibung früherer Erfolge. In seinen überschwenglichen Gefühlen verspricht er Heirat (Heiratsschwindler), Geschenke (Betrug), prahlt mit seiner Kraft und Leistungsfähigkeit, neigt zu Kaufzwang und stürzt damit seine Familie in den Ruin. Uneinsichtig kann er sehr aggressiv reagieren, d. h., er belastet Beziehungen sehr.

Auch alte manisch Kranke sprechen auf Lithium und kurzfristige Neuroleptica-Behandlung an. Angehörige müssen ständig Grenzen

Tabelle 9: Unterscheidung zwischen Depression und Manie

Depressive	Manisch Kranke
sind verzweifelt, traurig	übermütig, optimistisch
fühlen sich erschöpft, leistungsunfähig	fühlen sich frisch, leistungsfähig
entwerten sich	überschätzen sich
folgen strengen Normen	stellen Normen infrage
haben Schuldwahn	haben Größenwahn
sind im Denken gehemmt	reden dranghaft, Ideenflucht
sind apathisch gehemmt	betriebsam, erregt

Tabelle 10: Abgrenzung der Manie von agitierter Depression

	Denken	Stimmung
agitierte Depression	gehemmt	depressiv
Manie	ideenflüchtig	euphorisch

aufzeigen, konsequent an tägliche Aufgaben heranführen und sich selbst und andere vor Betrug und aggressiven Übergriffen schützen.

F31 Bipolare affektive Störung, früher manisch-depressive Erkrankung (MDE)

Bipolare Erkrankungen sind durch einen Wechsel zwischen depressiven und manischen Episoden gekennzeichnet. In depressiven Episoden sind mindestens drei der folgenden Symptome vorhanden: Antrieb und Aktivität vermindert, Schlaflosigkeit, Verlust von Selbstvertrauen oder Gefühl der Unzulänglichkeit, Konzentrationsstörungen, sozialer Rückzug, Verlust von Interessen und der Freude an angenehmen Akti-

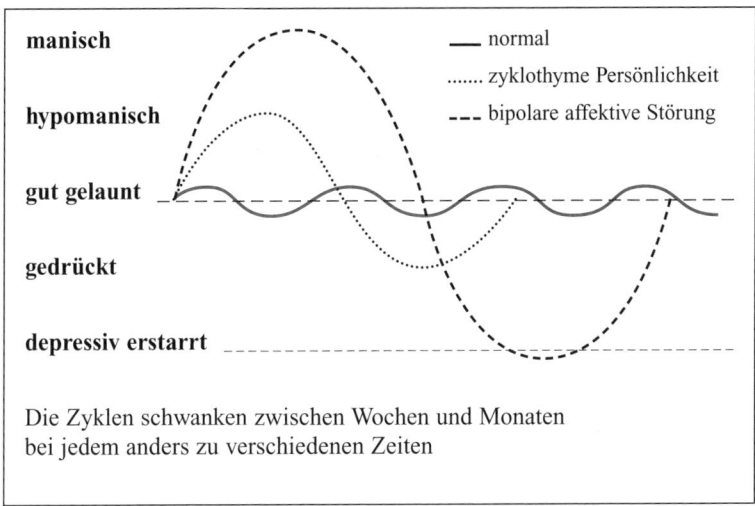

Abbildung 1: Stimmungsschwankungen bei bipolarer affektiver Störung, zyklothymer Persönlichkeit und normal

vitäten, verminderte Gesprächigkeit, Pessimismus über die Zukunft und Grübeln über die Vergangenheit. Differenziert wird, ob es sich gegenwärtig um eine manische oder um eine depressive Episode oder um eine gegenwärtig gemischte Episode handelt und ob psychotische Symptome (Halluzinationen und Wahn) auftreten.

Bei 5–20 % der bipolaren affektiven Störungen erfolgt der Phasenwechsel von depressiver in manische Phase rasch mit mehr als 4 Phasen pro Jahr (rapid cycling), im Alter aber selten. Bipolare affektive Störungen sind erblich viel stärker (bei eineiigen Zwillingen bis zu 80 %) belastet als andere.

F32 Depressive Episode

Die Kriterien einer depressiven Episode sind nach ICD 10: Depressive Verstimmung, Freudlosigkeit, Interessenverlust für mindestens 2 Wochen, Müdigkeit, Energieverlust, psychomotorische Hemmung oder Unruhe, Denkhemmung, Konzentration und Entscheidungsfähigkeit herabgesetzt, Schuldgefühle und Gefühl der Wertlosigkeit, Gedanken an Tod oder Suizid oder Suizidversuch, Schlafstörungen, Verlust oder Zunahme von Gewicht oder Appetit, negative und pessimistische Zukunftsperspektiven. Bei einer schweren depressiven Episode *(major depression)* geht die Depression tiefer. Der Kranke fühlt sich gequält von innerer Leere und Leblosigkeit. Schulderleben kann sich bis zum Schuldwahn steigern. Als Kernsymptome kommen Durchschlafstörungen mit einem Morgentief, Interessenverlust, Vitalstörungen (z.B. Appetitverlust) und Neigung zu körperlichen Beschwerden hinzu. Wenn somatische Symptome überwiegen, wird auch noch von Melancholie gesprochen. Eine depressive Psychose geht mit Halluzination, Wahn oder Stupor einher.

F33 Rezidivierende depressive Störung

Sie ist durch wiederholte depressive Episoden charakterisiert und wird weiter differenziert in gegenwärtig leichte, mittelgradige, schwere Episode ohne oder mit psychotischen Symptomen.

Die *saisonal abhängige Depression* (SAD) wird einer depressiven Episode zugeordnet. Sie tritt bei fast jedem Vierten regelmäßig infolge gestörter Melatonin-Bildung bei Lichtmangel im Herbst und Winter auf mit Interessenverlust, Angst, Unruhe, Reizbarkeit, Rückzugsneigung, Heißhunger auf Süßigkeiten mit Gewichtszunahme und Steigerung des Schlafbedürfnisses bei Tagesmüdigkeit, besonders nachmittags. Die SAD spricht auf Lichttherapie und Serotonin-Wiederaufnahmehemmer an und verschwindet wieder im Frühjahr.

F34 Anhaltende affektive Störungen

F34.0 Zyklothymie (früher zyklothyme Persönlichkeit):Sie ist gekennzeichnet durch häufige Stimmungslabilität mit leichter Depression und leicht gehobener Stimmung (himmelhoch jauchzend – zu Tode betrübt). Von diesen ist keine so schwer, um die Beschreibung für bipolare affektive Störung F31 zu erfüllen. Die Störung ist selten und familiär gehäuft, d. h. erblich bedingt. Die Betroffenen haben meist keinen so schweren Leidensdruck, einen Arzt aufzusuchen.

F34.1 Dysthyme Störung (früher neurotische Depression): Die diagnostischen Kriterien sind nach DSM IV

a) Depressive Verstimmung, die über den ganzen Tag an mehr als der Hälfte aller Tage über mindestens 2 Jahre anhält.

b) Während der depressiven Verstimmung bestehen mindestens zwei der folgenden Symptome: Appetitlosigkeit oder übermäßiges Eßbedürfnis, Schlaflosigkeit oder übermäßiges Schlafbedürfnis, Energiemangel oder Erschöpfung, geringes Selbstwertgefühl, Konzentrationsstörungen, Entscheidungserschwernis und Hoffnungslosigkeitsgefühl.

c) In den ersten 2 Jahren sind nie mehr als 2 Monate symptomfrei.

d) In den ersten 2 Jahren bestand keine Major Depression.

e) Zu keinem Zeitpunkt ist eine manische Episode, eine gemischte Episode oder eine hypomane Episode aufgetreten, und Kriterien der zyklothymen Störung waren nie erfüllt.

f) Die Störung tritt nicht ausschließlich im Verlauf einer chronischen psychotischen Störung, wie Schizophrenie oder wahnhafte Störung, auf.

g) Die Symptome sind nicht auf andere Krankheiten oder Medikamente zurückzuführen.

h) Die Symptome beeinträchtigen bedeutsame soziale, berufliche oder andere Funktionsbereiche.

Nach dem Epidemiologic-Catchment-Areas-Program (ECAP, USA, 1984) gab es in ½ Jahr bei über 65Jährigen Dysthymien bei 3,8 % der alten Frauen und bei 2,6 % der alten Männer. Nach der Berliner Altersstudie leiden 2 % der über 70Jährigen an Dysthymie, nach Dilling et al. (1984) 10,8 % der über 65Jährigen an depressiven Neurosen oder psychosomatischen Störungen. Mit zunehmendem Alter dauern Dysthymien immer länger. Sie sind aus der Biographie verstehbar, oft aus unbewältigter Trauer. Wenn Trauerarbeit behindert wird durch ständige Ablenkung, durch mangelhaft erlernte Kompetenz zur Alltagsbewältigung und durch fehlende Kontakte, kann Trauer übergehen in eine Dysthymie, wenn Verletzlichkeitsfaktoren hinzukommen, wie Erbanlagen, Perfektionismus oder daß sich Alternde als hilflos und kontrollunfähig erleben. Dysthymie kann durch Benzodiazepine oder Neuroleptika chronifiziert werden.

F38 Andere affektive Störungen

Dazu gehören kurze Depressionen und Anpassungsstörungen als Erschöpfungsreaktion nach schwerem Streß. Das *Sisi-Syndrom* ist der Versuch, die Schwermut mit Selbstwertverlust, Kopfschmerzen, Eß- und Schlaf-Störungen durch sprunghafte Aktivitäten selbst zu heilen.

F39 Nicht näher bezeichnete affektive Störungen

Zu diesen Störungen werden die Depressionen mit *subdiagnostischer* (wenig ausgeprägter) Symptomatik der Berliner Altersstudie zugeordnet. Diese meist leichten Depressionen sind mit 17,8 % bei über 70Jährigen die häufigsten psychischen Störungen im Alter. Da sich Altersschwermut nicht klar zu einer der in der ICD 10 beschriebenen Formen einordnen läßt, wurde sie als mehrschichtige oder durchmischte Depression (Lungershausen 1985) bezeichnet und jetzt als nicht näher bezeichnete affektive Störung F39; denn bei Hochbetagten nehmen somatogene Depressionen erheblich zu, sind aber in Wechselwirkung mit reaktiven oder anderen affektiven Störungen durchmischt.

1.4.3 Häufige Probleme bei Altersschwermut

Körperliche Probleme

Multimorbidität (Vielfacherkrankung) nimmt im Alter zu und verstärkt die Schwermut. Über 70Jährige werden mit durchschnittlich sechs Diagnosen aus dem Krankenhaus entlassen. Körperlich Kranke sind sechsmal häufiger psychisch gestört als gesunde Alte. Alte Schwermütige mit körperlichen Krankheiten sterben eher als Ältere ohne Schwermut. Multimorbide werden bei schleichendem Verfall leicht zu Behinderten und sind in körperlicher Integrität, Wohlbefinden und Zukunftsplänen durch Todesangst bedroht. Vorzeitiger Versagenszustand in der zunehmend computerisierten Arbeitswelt verstärkt das Gefühl, im Alter nutzlos und deshalb sinnlos zu sein.

Schlechtes Hören und Sehen engen die Wahrnehmung der Realität zusätzlich zur selektiv negativen Wahrnehmung des Depressiven ein und machen mißtrauisch bis zu Verfolgungsideen, die aus einem Schuldwahn folgen können. Bei Geh-, Seh- oder Hörbehinderung nehmen Selbsthilfemöglichkeiten ab, Abhängigkeit und Hilflosigkeit nehmen zu bis zur Schwermut.

Schlafstörungen sind bei Älteren kein eindeutiger Hinweis auf Depression wie bei Jüngeren. Auch nicht schwermütige Ältere schlafen weniger tief, wachen nachts häufiger auf und können schlecht wieder einschlafen. Das Schlafverhalten älterer Depressiver weicht nicht eindeutig von dem Gesunder ab, bei jüngeren Depressiven sind Einschlaf-, Durchschlafstörung und frühes morgendliches Erwachen charakteristisch. Ältere Schwermütige klagen auch über häufiges Wachwerden und frühes Aufwachen.

Chronische Schmerzen ohne eindeutig nachweisbare körperliche Erkrankung deuten auf eine larvierte Depression hin, sind aber nicht immer Ausdruck einer Schwermut. Ängste und Depression verstärken und chronifizieren Schmerzen, die eine vorbestehende Schwermut verschlimmern, besonders wenn alte Schmerzpatienten nicht ernstgenommen und mit Placebos betrogen werden. Schmerzen machen inaktiv, hilflos und einsam und deshalb ängstlich und depressiv.

Inkontinenz: Über die Hälfte der über 70Jährigen sind inkontinent. Ängste verstärken den Harndrang, d. h. fördern die Dranginkontinenz. Die in unserer Gesellschaft tabuisierte Inkontinenz führt zu Scham, die das Selbstwertgefühl bis zur Depression zerstören kann. Dazu kann die Beschämung bei der Intimpflege kommen, wenn sich Angehörige oder Pflegende ekeln, so daß sich folgender Teufelskreis ergibt: Inkontinenz → Scham → Depression → sozialer Rückzug → Angst vor Versagen → Dranginkontinenz.

Immobilität bis Dekubitus (Durchliegen): Schwermut fördert Immobilität, die umso eher zum Dekubitus führt, je länger Bettruhe anhält. Dekubitus wird rein körperlich behandelt. Wenn Pflegende bei Bettruhe zu selten Lagewechsel durchführen oder durch Schlafmittel nächtliche Bewegungen verhindern, entsteht bei geschwächten, multimorbiden alten Kranken oft ein Dekubitus (durch Druck mal Zeit). Es wird zu wenig beachtet, daß Schmerzen, schwere Krankheiten, Lähmungen und Einsamkeit die depressive Streßachse verstärken. Apathische Depression trägt durch Inaktivität zum Dekubitus bei. Der Kranke mit einem Dekubitus erlebt und riecht, wie er bei lebendigem Leib verwest, so daß er depressiv reagiert und Bewegungen einschränkt, wenn überfürsorgliche Angehörige ihm Aktivitäten abnehmen, weil es schneller geht. Da bei Depression Wachstumshormon fehlt, heilt die Wunde nicht.

Sexuelle Interessen schwinden umso mehr, je schwerer die Schwermut und je länger ein Heim- oder Klinikaufenthalt ist. Erektionsstörungen tragen nicht nur bei alten Männern zu Schwermut bei, sondern auch bei alten Frauen, die sich nicht mehr attraktiv fühlen. Schuldgefühle, z. B. wegen Selbstbefriedigung, können die Schwermut verstärken.

Psychische Probleme

Daseinstechniken (Coping) schwinden ebenso wie bisher wirksame unbewußte Abwehrmechanismen, so daß Ältere nicht mehr so leicht kompensieren können wie früher und bei Problemen passiver reagieren.

Zukunftsperspektiven nehmen ab, das Bewußtsein des bevorstehenden Sterbens wird unausweichlicher im Sinne einer vorwegnehmenden Trauer, die die Hoffnungslosigkeit bis zum Suizid verstärken kann.

Soziale Ressourcen erschöpfen sich durch zunehmende Verluste von Bezugs- und Kontaktpersonen. Überfürsorgliche Angehörige machen nicht nur den Kranken hilfloser, sondern stressen sich selbst, bis sie erschöpft die Betreuung abgeben müssen. Andere Angehörige werden selbst immer hilfloser, weil eine Schwermütige durch ihr Nichtkönnen Macht ausüben kann, so daß Angehörige depressiv werden.

Gesellschaftliche Vorurteile wie das noch verbreitete Defizitdenken, Erwartungen von Rückzug und Disengagement im Alter können das Selbstwertgefühl so herabsetzen, daß Versagensgefühle eine Schwermut verstärken.

2 Wie häufig ist Altersschwermut?

[handschriftliche Notiz: jeder 4. alte Mensch (70-90) hat eine Depression!]

Nach der WHO sind weltweit 29 Millionen Menschen an Alzheimer, 45 Mill. an Schizophrenie und 340 Mill. an Depressionen erkrankt. 15 % werden chronisch und jeder 6. bis 7. stirbt durch Suizid, d. h., das Suizidrisiko bei schwer Depressiven ist um ein Vielfaches höher als bei Gesunden. Depressionen begünstigen andere Erkrankungen (Komorbidität). Die Wahrscheinlichkeit, im Laufe des Lebens depressiv zu werden, liegt bei 12 % für Männer und bei 26 % für Frauen. Mit etwa 25 % sind depressive Beschwerden die häufigsten psychischen Symptome bei über 65Jährigen (Hautzinger 2000, 14). Nach der Berliner Altersstudie (1996) ist bei über 70Jährigen Depression die häufigste psychiatrische Diagnose, bei über 90Jährigen ist es Demenz. Nach dieser Studie leiden 4,8 % der über 70Jährigen an Major (schwerer) Depression und zusätzlich 17,8 % an einer nicht näher bezeichneten affektiven Störung mit subdiagnostischen (wenig ausgeprägten) Symptomen und erhalten nur zu etwa 5 % Antidepressiva. Die Altersschwermut ist zur Zeit der blinde Fleck der Medizin. Etwa 30–40 % der alten Patienten in einer Allgemeinpraxis leiden an nicht erkannten Depressionen, die nicht oder falsch behandelt, chronisch werden und körperliche Leiden verschlimmern (Hautzinger 2000, 10).

Nach der Depressions-Screening-Studie (Psychiatrische Uni-Klinik München 2000) erhielten ²/₅ der Patienten in Allgemeinpraxen keine Depressionstherapie, die Behandelten bekamen zu 80 % Medikamente und nur zu 20 % Psychotherapie. 70–80 % der alten Depressiven weigern sich, einen Psychiater aufzusuchen, so daß sie chronisch werden. Nach der Weltliteratur (Adam 1998) erkranken 16 % der über 60Jährigen an Depressionen, nehmen schwere Depressionen bei über 70jährigen Frauen ab (seltener Doppelbelastungen) und bei gleichaltrigen Männern zu, da sie durch Berentung Sinn und Kollegen verlieren, wenig mit Freizeit anfangen können und infolge der Multimorbidität zu ²/₃ impotent sind. Von den 75–80Jährigen sind ¹/₃ Männer und ²/₃ Frauen und von den 80–90Jährigen ¼ Männer und ¾ Frauen depressiv. Alte Frauen sind nach Adam noch 1,9 mal häufiger depressiv als alte Männer, weil sie oft getrennt oder verwitwet sind, als „nur Hausfrauen" das Selbstwertgefühl verloren, erzogen wurden, sich für die Familie aufzuopfern, ihre Wut zu unterdrücken, für familiäre Schwierigkeiten verantwortlich gemacht werden, finanziell vom Ehemann abhängig waren und zu 75 % eine Rente unter dem Sozialhilfeniveau erhalten. Ersterkrankungen an Depressionen nehmen im Alter ab (Hautzinger 2000, 14).

Die unterschiedlichen Häufigkeitsangaben sind z. T. auf verschiedene Diagnosekriterien zurückzuführen. Nach Welz (1994) nehmen Depressionen mit dem Alter zu: 65–69Jährige sind zu 17,9 % depressiv, 70–74Jährige zu 14,6 %, 75–79Jährige zu 43,2 % und über 80Jährige zu 42,1 %. In den Heimen in Duderstadt sind 53 % der Bewohner depressiv (Welz). Während Frauen häufiger depressiv werden als Männer, sind alte Männer fast doppelt so häufig suizidal.

Altersschwermut ist die häufigste psychische Störung, sie dauert lange und beeinträchtigt die Lebensqualität alter Menschen erheblich. Da die Rate psychischer Störungen bei körperlich kranken Älteren sechsmal häufiger als bei körperlich gesunden Älteren ist (Häfner 1985), wird die Altersschwermut zu einem zentralen Problem.

3 Wie ist Altersschwermut zu verstehen?

3.1 Unmittelbar auslösende Faktoren

Kritische Lebensereignisse erhöhen in einem halben Jahr nach diesem Stress das Depressionsrisiko um das Sechsfache, sog. psychoreaktive Auslösung. Im Monat vor Krankheitsausbruch war bei Depressiven, im Vergleich zu einer Kontrollgruppe, eine um das Dreifache erhöhte Rate negativer Lebensereignisse und Alltagsbelastungen nachzuweisen (Hautzinger 1998). In der Biographie können Alternde so vorgeschädigt sein, daß sie auf weitere Verluste verletzbarer reagieren. Wenn kritische Lebensereignisse sich häufen und als bedrohlich bewertet werden, wirken sie als Dauerstress, der bis zur Erschöpfung und Schwermut führt. Typische Auslöser sind Verluste von oder anhaltende Konflikte mit Bezugspersonen, Entwurzelungen wie Berentung oder Umzug und Entlastungen von Pflichten.

Kränkende Verlusterlebnisse können Schwermut auslösen

– Verlust von Partner, Bezugspersonen bis zur Vereinsamung
– Verlust von Rolle, Status und Selbstwertgefühl
– Verlust von Einkommen bis zur Verarmung bei alten Frauen
– Verlust der gewohnten Umgebung bis zum Rückzug
– Verlust von Sehen, Hören, Beweglichkeit bis zur Pflegebedürftigkeit
– Verlust bisheriger Kompetenzen bis zur Hilflosigkeit
– Verlust von Selbständigkeit bis zur totalen Abhängigkeit
– Verlust von sinnerfüllenden Tätigkeiten
– Verlust von religiöser Bindung bis Perspektivelosigkeit.

Die Häufung von Verlusten trifft oft vorgeschädigte Ältere, die eine Aktualisierung alter Trennungen und Abschiede erleben. Nach Blanchard (1994) wurde fast $1/3$ in 6 Monaten nach einem Verlusterlebnis schwermütig und blieb es über 2 Jahre. Sexuell mißhandelte Mädchen können noch als alte Frauen depressiv werden. Armut kann Schwermut auslösen. Alleinerziehende Mütter wurden doppelt so häufig depressiv als verheiratete. Schwermutauslöser kann der Jahrestag sein, an dem eine geliebte Person starb (Jahrestagsreaktion). Bei nur $^1/_3$ der Depressiven waren keine kritischen Lebensereignisse (life events) festzustellen (Möller u. Laux 2000). Bei älteren Depressiven häuften sich im Jahr vorher belastende Lebensereignisse im Sinne eines Dauerstresses mit Cortisolerhöhung. Da nicht jeder auf gehäufte Verluste mit Schwermut reagiert, ist zu klären, wie der Alternde in seiner Biographie bisher belastende Ereignisse bewertete, bewältigte und wie weit er dabei von seinen Kontaktpersonen unterstützt wurde. Lebensereignisse lösen eine Schwermut nur aus, wenn eine Anfälligkeit, Verletzlichkeit (Vulnerabilität) vorliegt. Auslösende Faktoren bestimmen, wann die Schwermut auftritt, die Vulnerabilität bestimmt, ob diese Ereignisse depressive Wirkung entfalten und der Ausprägungsgrad einer Depression wird von symptomformenden Faktoren beeinflußt, z. B. chronische Lebensprobleme, ungünstige soziale Bedingungen oder Armut und Verluste durch Tod eines Elternteils (je früher desto ungünstiger) und die Anzahl früherer depressiver Episoden (Hautzinger 1998). Schwermutsfördernde Vulnerabilitätsfaktoren sind der Mangel an einer intimen, emotional positiven, unterstützenden Beziehung bei Frauen, Tod der Mutter in der Kindheit, Verluste von Ressourcen, Fertigkeiten und Beruf im Alter und geringes Selbstwertgefühl.

Altern ist kein depressiver Prozeß. Nicht die Zahl der Verluste löst zwangsläufig eine Schwermut aus, sondern wie Alternde ihre Verluste subjektiv bewerten, ob sie gelernt haben, Trauer zu bewältigen und sich an einem Sinn zu orientieren. Je höher die Fähigkeit, flexibel sinn- und zukunftsorientiert Einbußen zu bewältigen, umso seltener werden sie schwermütig.

3.2 Welche Faktoren machen Altersschwermut verständlich?

Folgende Erklärungsversuche können zum Verstehen beitragen
- Individuelle körperliche, psychische und spirituelle Bedingungen
- Interaktionelle Faktoren

- Systemische, z. B. institutionelle Bedingungen
- Soziale Entstehungsfaktoren
- Ökologische Faktoren
- Multifaktorielles Bedingungsgeflecht.

3.2.1 Individuelle Faktoren

Körperliche Faktoren

Erbfaktoren sind mitbestimmend. Das ist durch Adoptiv- und Zwillingsstudien belegt. Das familiäre Lebenszeitrisiko ist auch noch im Alter erhöht bei bipolaren affektiven Störungen, wenn sie früher schon aufgetreten sind. Bei den übrigen Depressionsformen können Erbfaktoren mitspielen, sind aber nicht dominant (durchschlagend).

Biologische Narbe als Verletzlichkeitsfaktor *(Vulnerabilität):* Wenn ein Kind lange von der Mutter getrennt, von anderen schikaniert wurde, sehr unter Familienspannungen, sozialer Herkunft und Armut litt, können diese Belastungen zu Hirnveränderungen führen: die linke Stirnhirnrinde war um $1/3$ kleiner, in Durchblutung und Stoffwechsel ebenso vermindert wie der Schläfenlappen und der Mandelkern bei Depressiven. Diese Befunde sind aber unspezifisch. Bei Altersschwermut sind Hirnteile wie der Hippocampus verkleinert und die Hypophyse vergrößert.

Störung der Neurotransmitter (Überträgerstoffe): Zunächst wurde eine Verminderung der Neurotransmitter nor-Adrenalin und Serotonin vermutet, jetzt wird ein Ungleichgewicht vieler Transmittersysteme vor allem von nor-Adrenalin, Serotonin und Acetylcholin angenommen.

Hormon-Veränderungen: CRH (corticotrope releasing hormon) wird vermehrt im Zwischenhirn gebildet (im Hirnwasser nachweisbar), so daß die Hypophyse zur ACTH-Produktion angeregt wird, das die Cortisolbildung in der Nebennierenrinde stimuliert: *Stress-Achse;* denn bei Depressiven ist der Cortisolspiegel erhöht wie in einem schweren Dauerstress. Das erhöhte Cortisol unterdrückt das Immunsystem. Das Wachstumshormon ist bei Depressiven vermindert, und das Schilddrüsenhormon reagiert weniger auf das die Schilddrüse stimulierende Hormon (TRH) der Hypophyse.

Chronobiologische Faktoren (Durchschlafstörungen, Morgentief) sind nicht sicher nachgewiesen, obwohl sie lange als Kennzeichen einer endogenen Depression galten. Depressive haben längere Ein- und weniger Tiefschlafphasen, d. h. verminderte Schlafeffizienz, träumen mehr und können oft nicht durchschlafen.

Erkrankungsfaktoren sind:
Hirnorganische Faktoren bei Alzheimer, vaskulärer Demenz, Parkinson, Chorea Huntington, Epilepsie, Multipler Sklerose und Hirntumoren, infolge einer Überträgerstoffwechsel-Störung (siehe Seite 28).

Symptomatische Begleitdepressionen bei Erkrankungen von Leber, Niere, Herz, Kreislauf und Hormonstörungen (siehe Seite 29).

Pharmakogene Depressionen durch Arzneimittel-Neben- und -Wechselwirkungen, da Ältere oft zu viele Pillen schlucken.

Psychische Faktoren

Altersschwermut ist zu verstehen durch

– Belastende kritische Lebensereignisse (siehe Seite 42)
– Persönlichkeitsmerkmale
– Lernpsychologische Faktoren
– Verhaltenstheoretische Erklärung
– Tiefenpsychologische Faktoren.

Diese Einflußfaktoren sind von der Biographie des Betroffenen und von seiner Umwelt abhängig, d. h., wie hat er sich bisher mit **Belastungen** auseinandergesetzt? Welche Ressourcen konnte er einsetzen oder welche fehlten ihm? Wurde er dabei von anderen unterstützt?

Persönlichkeitsmerkmale (Hautzinger 1998, 28): Bei Depressiven waren vor Krankheitsausbruch folgende Persönlichkeitsmerkmale nachweisbar: Abhängigkeit, Leistungsstreben, zwanghafter Perfektionismus, emotionale Labilität.
Soziale Abhängigkeit bedeutet starkes Bedürfnis nach Verstandenwerden, nach emotionaler Unterstützung und Hilfe durch andere, Auf-

suchen von engen Bindungen und Intimität, erhöhte Angst vor Zurückweisung, Trennung und Kontaktverlusten. Schwermütige sind sehr zuwendungsbedürftig und abhängig.

Leistungsstrebende, unabhängige, autonome Personen mit Kontrollbedürfnis und zwanghaftem Perfektionismus (Typus melancholicus nach Tellenbach (1983)) fühlen sich bedroht, wenn sie in Leistungen Mißerfolge haben, Ziele nicht erreichen.

Emotional labile Personen (Neurotizismus) erkranken eher an unipolarer und seltener an bipolarer affektiver Störung, weil sie ängstlich und aggressiv sind, wenig soziale Fertigkeiten entwickeln und sich die Ursachen von Problemen selbst zuzuschreiben neigen.

Lernpsychologische Erklärung der Schwermut: Lernpsychologisch wird die Entstehung der Schwermut erklärt durch wenig erfolgreiches Altern und verhaltenstheoretisch durch Mangel an positiver Verstärkung, durch Nichtkontrolle oder erlernte Hilflosigkeit und verzerrte (dysfunktionale) Denkmuster.

Wenig erfolgreich ist Altern, wenn *selektive Optimierung* mit *Kompensation* (SOK-Modell, Baltes u. Carstensen 1996) fehlt. *Plastizität* im Alter bedeutet, daß Gebrauch von Fähigkeiten die Entwicklung fördert und Nichtgebrauch zur Verkümmerung (Inaktivitätsatrophie) und damit zur Depression beitragen kann (Hautzinger 2000, 29–33).

– *Selektion, Auswahl* zur Neu-Anpassung und Veränderung von Erwartungen, Ansprüchen und Zielen wird erforderlich, wenn Bezugspersonen, Beruf, Funktionen, Gesundheit und bisherige Lebenswelt (bei Heimeinzug) verloren werden. Selektion wird möglich durch Motivation, kognitive Flexibilität und Handlungsorientierung, durch Lebensrückblick, Trauerarbeit und durch Unterstützung durch ähnlich Betroffene.
– *Optimierung* stärkt und nutzt vorhandene Ressourcen und Hilfsmittel, um die Umwelt zu verändern, z. B. die Wohnung altengerecht zu gestalten, Serviceleistungen wie Mahlzeiten-, Einkaufs- und Pflegedienste einzubeziehen und Angehörige zu ermutigen. Lebenszufriedenheit wird optimiert, wenn der Handlungsspielraum vierdimensional erweitert wird: der Tätigkeits- und Aktivitätsspielraum, der Entscheidungs- und Kontrollspielraum (zur Selbst- oder mindestens zur Mitbestimmung), der Interaktions- und Kontaktspielraum zur

sozialen Unterstützung und der Anerkennungsspielraum. Wenn Aktivitäten durch möglichst statushöhere Personen oder durch Gemeindemitglieder anerkannt werden, nimmt die Zufriedenheit im Alter zu, die Wahrscheinlichkeit einer Schwermut ab.
- *Kompensation* sucht neue Bewältigungsformen, schafft und trainiert neue Fertigkeiten, wenn bisherige Fähigkeiten verloren gehen. Intelligenz, Gedächtnis, soziale Kompetenz, Aktivitäten des täglichen Lebens sind durch Üben zu optimieren. Durch Training einzelner Kompetenzen, z. B. Sprechen, Kochen, Einkaufen, Benutzung der Verkehrsmittel, selbständiges Wohnen, Entspannung, Stressbewältigung, Tagesplanung usw., lassen sich Funktionsverluste ausgleichen und der Handlungsspielraum erweitern. Überforderung, z. B. durch Aktivitäten, Entscheidungen, Sozialkontakte usw., bessert trotz eines erweiterten Handlungspielraumes nicht das Wohlbefinden und kann wie Fehlen von selektiver Optimierung und Kompensation zur Schwermut im Alter beitragen. Gefährdet, schwermütig zu werden, ist, wem es nicht gelingt, Ansprüche und Handlungsbereiche auszuwählen, Ressourcen zu optimieren, Einbußen zu kompensieren und veränderte Ziele zu entwickeln.

Verhaltenstheoretische Erklärung der Schwermut. Vereinfacht stellt Abbildung 2 die Entwicklung der Schwermut dar (nach Hautzinger 2000, 65).

Verzerrte, dysfunktionale Denkmuster, kognitive Schemata: Infolge früher belastender, ungünstiger Erfahrung wurden Denkschemata erlernt, die die Realität unterschiedlich verzerren. Charakteristisch ist die kognitive Triade, die negative Sicht der Welt, der eigenen Person und der Zukunft. Schwermütige nehmen von der Umwelt auswählend

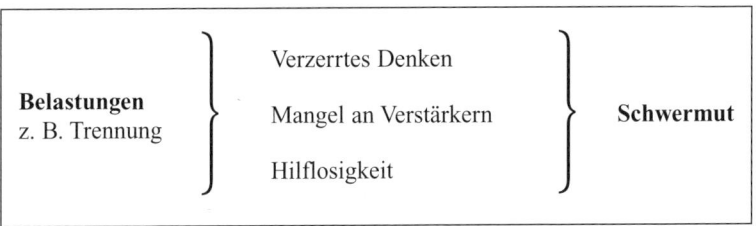

Abbildung 2: Entstehung der Schwermut

nur die negativen Ereignisse wahr, übersehen die positiven, verallgemeinern einmalige negative Erfahrungen der Umwelt. Schwermütige sind überzeugt, sie seien unfähig, die Situation zu verändern. Die Zukunft sei schicksalhaft nicht planbar, so daß sie nur Negatives erwarten oder fürchten. Typische Verzerrungen sind:

Willkürliche Schlußfolgerung, Pessimismus („Tunnelblick"), persönliche Ursachenzuschreibung, Verallgemeinerung, Übertreiben negativer Erfahrungen, moralisch-absolutistisches Denken und ungenaues Benennen. Formal sind diese Denkmuster unfreiwillig, automatisch, plausibel erscheinend und überdauernde Muster einer selektiven Wahrnehmung und Bewertung. Sie entstehen durch belastende frühere oder aktuelle, stressreiche Erfahrungen oder durch Anhäufung weniger belastender negativer Erfahrungen. Schwermütige nehmen an sich selbst nur Negatives wahr, bewerten ihre Leistung negativ und entwerten sich, weil ihr Anspruchsniveau überhöht ist. Mißerfolge schreiben sie sich selbst, Erfolge dem Zufall zu. Sie übersehen positive Rückmeldungen und neigen dazu, sich selbst zu bestrafen. Der Zusammenhang zwischen ungünstigen Denkstilen und depressiven Gefühlen ist gesichert. Depressive Denkmuster verfestigen, vertiefen und halten die Schwermut aufrecht.

Ältere äußern oft folgende negativen Gedanken: „Ich bin so vergeßlich, abgebaut; ich sehe so alt und faltig aus; ich bin schon durcheinander; ich schaffe nichts mehr; mir geht alles daneben; ich tauge nichts mehr; ich bin nichts mehr wert; ich bin an allem schuld; ich fühle mich so erschöpft und elend; ich möchte nur noch schlafen; mich mag keiner mehr; alle haben sie etwas gegen mich; keiner will mit mir etwas zu tun haben; ich bin nicht so gut wie die anderen; es hat sowieso keinen Sinn mehr; was habe ich denn noch zu erwarten; ich kann nicht mehr wollen; das bringt doch alles nichts mehr!"

Das depressionstypische Verarbeiten ist einseitig, absolutistisch, undifferenziert und verallgemeinernd. Reflektiertes, wenig für Schwermut anfälliges Denken ist multidimensional, relativierend, nicht wertend, konkret, spezifisch, am Verhalten orientiert, flexibel und differenziert. Hinter automatischen Gedanken, die situationsnahe durch konkrete emotionale Erfahrungen ausgelöst sind, werden in der Biographie erlernte Grundüberzeugungen und Werthaltungen erkennbar. Schwermütige verarbeiten Probleme nach situationsübergreifenden Prinzipien, die ihre Ansprüche, Selbstbeurteilungen, automatisches Denken und ihr Verhalten in konkreten Zusammenhängen bestimmen.

Mangel an positiver Verstärkung löst Schwermut aus. Die Menge an positiver Verstärkung hängt von folgenden Einflüssen ab:
- von der Zahl potentiell verstärkender Ereignisse wie Geschlecht, Alter, Biographie, Rolle und sozialen Bedingungen,
- von der Menge der erreichbaren Verstärker, die bei Trennung, Armut oder sozialer Isolation fehlen,
- von instrumentellem Verhalten, d. h. sozialen Fertigkeiten, um sich so verhalten zu können, daß Verstärkung zugänglich wird.

Das depressive Verhalten wird kurzfristig durch soziale Zuwendung aufrechterhalten, längerfristig reagieren Bezugspersonen abweisend und ziehen sich zurück. Damit tragen Schwermütige selbst dazu bei, daß das Ausmaß an positiver Verstärkung abnimmt. Wenn im Alter bei Bettlägerigkeit positive Verstärker schwinden und negative Verstärker zunehmen, z. B. Erleben von Versagen oder von Seh-, Hör- und Bewegungsbehinderung, wird verständlich, wie Schwermut entsteht. Da andere Verhaltensweisen fehlen, greifen Schwermütige weiterhin zu ihren appellierenden depressiven Mustern, so daß wichtige Bezugspersonen überfürsorglich reagieren, d. h. seine Selbsthilfefähigkeiten als positive Verstärker ignorieren oder sogar vorwurfsvoll reagieren. Da in längerfristigen Beziehungen ein Ausweichen nur auf die Gefahr der weiteren Verschlechterung (bis hin zum Suizid) möglich ist, entsteht eine Art „Zwangsmechanismus", dem die beteiligten Partner kaum entrinnen können. Schwermut löst bei Angehörigen und Freunden Abwehr und Ablehnung aus. Die vorwurfsvollen und feindseligen Interaktionen wirken negativ verstärkend.

Nichtkontrolle und Hilflosigkeit: Wer ungünstige Lebens- und Umgebungsbedingungen nicht kontrollieren kann, wird passiv, apathisch, resigniert, lernt schwerer, hält willentliche Reaktionen zurück, verliert Appetit und Gewicht, wird widerstandslos und bekommt vegetative Beschwerden. Je wichtiger und je häufiger die ungünstigen, nicht kontrollierbaren Erfahrungen sind, umso eher werden Ältere hilflos. Entscheidend ist die Erwartung hilflos zu sein, auch wenn objektiv Kontrolle möglich ist. Die erlernte Erfahrung wird auf neue, zukünftige Situationen verallgemeinert. Die/der Schwermütige fragt nach dem Grund der Hilflosigkeit, schreibt sich die Ursache selbst zu (Kausalattribution). Diese Ursachenzuschreibung erfolgt in 3 Dimensionen: der Depressive glaubt, er allein sei schuld, er sei stets die Ursache und für alles verantwortlich. Bei leichter Schwermut erklärt der Betroffene die Ursachen noch komplex und bei zunehmender Depressionsschwere allein durch eigene Schuld. Es führt zu Mißerfolgserwartung bezüglich zukünftiger Ereignisse und verfestigt depressives Befinden. Nach dem Modell der erlernten Hilflosigkeit (Seligman 1975) entwickeln sich Depressionen, wenn Belastungen als unkontrollierbar erlebt werden, die Nichtkontrolle als dauerhaft angenommen, dem persönlichen Versagen angelastet und zukünftig die eigene Hilflosigkeit erwartet wird. Hilflos-depressives Verhalten tritt erst auf, wenn das Denken Handlungen blockiert. Blockiertes Denken wird durch wiederholte Erfahrungen erlernt oder durch negative Gefühle aktuell bedingt. Ältere können Hilflosigkeit erlernen, wenn sie körperlich beeinträchtigt sind, sich durch Rollenverlust als weniger kompetent erleben oder wenn Angehörige ihnen nichts mehr zutrauen, sie überfürsorglich bemuttern und ihnen Aktivitäten des täglichen Lebens abnehmen, weil es schneller gehe. Alternde werden auch bei körperlicher Behinderung und Pflegebedürftigkeit nicht zwangsläufig schwermütig, wenn sie in ihrer Biographie früh genug Selbsthilfe- und Kompensationsmöglichkeiten gelernt haben. Die Hilflosigkeit kann durch negative Ursachenzuschreibung in Hoffnungslosigkeit übergehen, die bei Fehlen sozialer Unterstützung in eine Schwermut münden kann. Depression wird begünstigt, wenn Ältere an nicht mehr realisierbaren

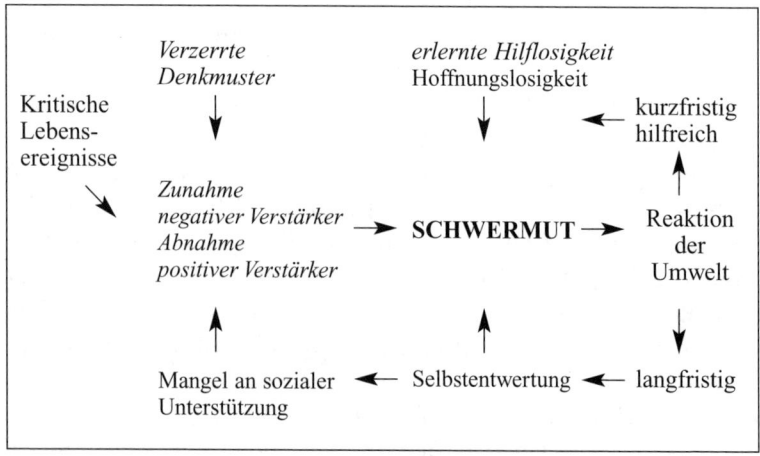

Abbildung 3: Lernpsychologische Erklärung der Schwermut

Zielen festhalten, das Anspruchsniveau sich den Veränderungen nicht anpaßt, es zur Bewältigung an Fertigkeiten und sozialer Unterstützung fehlt und damit die veränderte Umwelt noch weniger kontrollierbar erlebt wird.

Wenn Ältere in der Biographie Hilflosigkeit erfuhren und Mißerfolge sich selbst zuschrieben und Veränderung der als unkontrollierbar eingeschätzten Bedingungen nicht erlernt haben, tritt Schwermut auf (Hautzinger 2000, 39). Abbildung 3 verbindet die bisherigen Ansätze.

Tiefenpsychologischer Erklärungsversuch. Depression wurde früher als orale Fixierung oder Regression erklärt. Wenn Ältere zu kindlichen Bedürfnissen zurückkehren, sich anklammern, Verwöhnung oder Hilfe suchen, regredieren sie in Teilbereichen und nur vorübergehend, ohne depressiv zu werden. Erst wenn Ältere Belastungen nicht mehr bewältigen können, brauchen sie eine Regression im Dienste des Ichs, die nicht als Schwermut fehlgedeutet werden darf, obwohl sie eine Schwermut verstärken kann. Später wurde Depression durch drei Mechanismen erklärt: Verlust eines Liebesobjektes, Ambivalenz gegen eine dominante Bezugsperson (mit Wendung der Aggression gegen sich selbst) und Rückzug der Libido ins Ich. Unbewußte Aggressionen führen zu Schuldgefühlen infolge eines tyrannischen Gewissens, des anerzogenen sadistischen Überichs, das Perfektionismus fordert und damit das Selbstwertgefühl besonders Älterer ständig kränkt.

Wolfersdorf (2000) beschreibt ein psychodynamisches Modell möglicher Depressionsentwicklung: Eine frühkindliche Mangelerfahrung an Zuwendung und Anerkennung führt zu einem oralen und narzißtischen Defizit und so zu einem Gefühl des existentiellen Zuwenig: „Ich bin nichts wert, ich kann nichts, bin nicht liebenswert", d. h., das Selbstwertgefühl wird labil. Daraus folgen eine emotionale Überbedürftigkeit, eine hohe Verletzbarkeit und ein starkes Bedürfnis nach Wertschätzung und Anerkennung. Zunächst gelingt die Kompensation durch symbiotische Beziehungsgestaltung mit Überanpassung und Unterdrückung jeder Aggression oder durch überhöhte Leistung und Entwicklung hoher ethisch-moralischer Normen. Wenn Ältere Bezugspersonen und Lebensperspektiven verlieren, nicht mehr wie früher leisten können und ihre Normen nicht mehr verwirklichen können, d. h. Kompensation nicht mehr möglich ist, werden sie schwermütig. Nach Beck (1996) führt die Tyrannei des „Ich sollte, Ich müßte eigentlich, Ich darf doch nicht" zu realitätsverzerrenden Gedanken und depressiven Gefühlen.

Diese Riesenansprüche erklären, warum Alternde in sozialen Berufen ausbrennen und schwermütig werden können, weil sie in der Leistungsgesellschaft ständig tüchtiger und kompetenter als andere sein sollen, als vollkommene Helfer alles verstehen oder jedes Problem rasch und perfekt lösen sollen, jede Strapaze gelassen ertragen, sich immer selbstlos aufopfern und eigene Gefühle immer beherrschen sollen. Da Alternde derartige Forderungen immer weniger erfüllen können, wird ihr Selbstwertgefühl immer mehr gekränkt. Das führt zur Selbstentwertung, zu Wut gegen sich selbst, zur Autoaggression. Da Schwermütige sich selbst nicht lieben, sind sie verdeckt aggressiv gegen sich selbst, können sie ihr strenges Gewissen nicht relativieren und werten sich ab, werden zwanghaft perfektionistisch mit Riesenansprüchen, bezichtigen sich selbst bis zum Schuldwahn. Weil sie sich innerlich leer fühlen, brauchen sie die Gegenwart anderer, klammern sie sich an aus Trennungsängsten, scheuen sie aber auch intensive Beziehungen, weil sie in der Symbiose sich und den Partner zu verlieren fürchten. Aus mangelndem Urvertrauen (Erikson 1950) haben Schwermütige Angst vor Zurückweisung, aus mangelnder Autonomie und Initiative scheuen sie selbstbestimmte Entscheidungen und neigen zu Schuldgefühlen.

Spirituelle Faktoren

Sinnlosigkeitsgefühl fördert die Entwicklung zur Schwermut: Wenn individuelles Potential in einem Hobby und soziales Potential (z. B. eine von der Umwelt anerkannte und genutzte Aufgabe) im Alter nicht mehr übereinstimmen, werden Alternde unzufrieden, weil sie keinen Sinn erkennen, was zur Schwermut beitragen kann. Angehörige der untersten sozialen Schicht neigten dazu, auf Anforderungen im Alltag niedergeschlagen zu reagieren, da sie sich eingeschränkt erlebten, z. B. gesundheitliche Belastungen zu kompensieren und ihre Einstellung zu verändern (Kruse 1992).

Kompensation und Einstellungsänderung gelingen nur, wenn die Situation dazu Anreize bietet. Kruse betont, daß ein Älterer ein selbständiges, aufgabenbezogenes und sinnerfülltes Leben nicht ausschließlich mit persönlichen Fähigkeiten aufrechterhalten kann, sondern nur wenn auch die soziale Umwelt ihn dazu anregt und ermutigt, d. h. Sinn vermittelt. Wer als Alternder in der Zukunft keine Ziele, keinen Sinn mehr sieht, weil er keine Aufgaben mehr zu erfüllen hat und keine Hoffnung aufbringt, weil er jede Situation als schicksalhaft, d. h. von ihm selbst nicht zu verändern und nicht zu kontrollieren erlebt, neigt zu depressiven Verstimmungen. Schwermütig wird, wer vom Leben nichts mehr erwartet, sich selbst aufgibt statt zu erfüllen, was das Leben aufgibt, wer im Alter nicht mehr lieben kann und beziehungslos vereinsamt, sein Leeregefühl nicht mehr mit Sinn ausfüllt, in existentielle Resignation gerät und leidensunfähig im Leid keinen Sinn mehr sieht (V. Frankl (1984), E. Lukas (1998)). Schwermut ist versäumte Entscheidung zum Eigentlichen (Kierkegaard 1991).

Glaubensverlust im Alter fördert depressive Prozesse: Hildegard von Bingen glaubte, daß der Teufel dem Adam beim Sündenfall die Melancholie einhauchte, die den Menschen ungläubig mache. Nach eigener Erfahrung können Ältere depressiv werden, wenn sie nicht mehr an Gott und an ein Leben nach dem Tod glauben. Schwermütige kommen oft in spirituelle Krisen: gefangen im Schulddenken glauben sie nur an einen strafenden („Gott sieht alles") statt an den barmherzigen Gott oder keinen Gott mehr. Aus Angst vor der Katastrophe im Jenseits (Hölle) können sie nicht mehr hoffen und verzweifeln. Nach Dörr (1987) sind Menschen mit einem Glauben an nur allgemeine Glaubenssätze mehr depressionsgefährdet als Gläubige, die an einen persönlichen Gott glauben, persönliche Erfahrungen haben und sich von Gott persönlich gemeint, d. h. geschützt wissen. Nach der EMNID-Umfrage 1997 glaubten nur 17,9 % der Befragten über 60 Jahre an ein „persönliches Gegenüber", besonders alte Frauen, die verwitwet allein leben. Menschen, die mit ihrem Leben unzufrieden sind, bestreiten zu 53 % die Existenz eines persönlichen Gottes (Depping 2000, 49).

Es ist nicht nachgewiesen, daß Religion oder Kirche allein depressiv machen, aber nach Hole (1977) sind 35 % der Depressiven streng kirchlich und weitere 22 % sehr streng religiös erzogen. Nach Thomas (1977) sind 43 % der Lebensmüden kirchlich mitbedingt suizidgefährdet, da sie zu schweren Schuldgefühlen erzogen seien. Menschen, die fürchten, für ihre Sünden von einem strengen Gott bestraft zu werden, neigen stärker zu Schwermut als Nicht-Religiöse (Psychologie heute, Heft 6, 1997, 21). Depping zitiert Untersuchungen, nach denen Ältere bei der Erziehung der Enkelkinder einen strengen Gott vertreten und bei Gedanken an die Schwächen des Alters auf einen helfenden Gott zurückgreifen.

Depressive sind im Glauben emotional entleert, d. h., sie denken an einen barmherzigen Gott, fühlen oder erfahren ihn aber nicht, erleben sich von Gott verlassen, weil er in ihrer unerträglichen Not schweigt. Sie empfinden in der Depression keinen Trost im Glauben, keine Antwort auf verzweifelte Fragen (Depping 2000, 53). Diese emotionale Glaubensentleerung, die umso geringer ist, je älter die Betroffenen sind, erleben Schwermütige als schuldhaftes Verstoßensein, als Herausfallen aus der göttlichen Fürsorge. Andererseits sind nach Hole Depressive stärker religiös verankert als andere psychiatrische Patienten. Glaube wird in der Schwermut als Sollnorm bewahrt und Zweifel wird als Schuld erlebt.

Hoffnungslosigkeit fördert Schwermut, ist ein Symptom der Schwermut und folgt aus Glaubensverlust. Erleben von Verlusten und des schleichenden Verfalls werden endgültig, Kompensationsmöglichkeiten begrenzter und soziale Netze weitmaschiger, so daß nur noch das Heim bleibt. Wer nicht mehr glauben kann, kann auch nicht mehr hoffen, verzagt, verzweifelt, fühlt sich hilf- und machtlos, in seinen Energiereserven erschöpft und bei zunehmender Pflegebedürftigkeit als verfallende Last. Wie kann ein Pflegebedürftiger noch hoffen, wenn Ärzte und Pflegende glauben, daß nichts mehr zu machen sei, d. h., aus therapeutischem Nihilismus ihn für austherapiert erklären? Dekubitus-Kranke erleben, wie sie am lebendigen Körper verwesen. Die Angst Schwermütiger, vielleicht Opfer von Euthanasie zu werden – etwa 45 % der Deutschen sind dafür – verstärkt ihre Hoffnungslosigkeit.

3.2.2 Interaktionelle Bedingungen: Ansteckung

Die Partnerbeziehung kann an der Entstehung, Aufrechterhaltung und an der Chronifizierung der Altersschwermut mitwirken. Häufig erkranken Partner von Depressiven nach Abklingen der Symptome selbst an einer depressiven Verstimmung. Die Scheidungsrate ist vor der ersten Klinikeinweisung deutlich höher, insgesamt niedriger als in der Gesamtbevölkerung, weil die Beziehung von Depressiven durch große emotionale Abhängigkeit geprägt ist. Während der Erkrankung

Tabelle 11: Ansteckung der Depression in der Kommunikation

Depressiver Sender	Botschaft	Nicht-depressiver Empfänger
verbal	*Sachinhalt* "Ich bin hilflos"	*Mitleid: "Der Arme"*
non-verbal kein Blickkontakt – anklammernd	*Beziehung* „Du bist meine einzige Hoffnung"	*"er überfordert mich, klammert sich an, hab doch keine Zeit"*
– schlaff, gebeugt	Appell: "hilf mir!"	*"er frustriert, macht mich hilflos mit seinem ja-aber."*
– jammernd anklagend	Selbstoffenbarung ("Ich bin wütend")	*"er macht mich aggressiv, knirsch: er ist ja krank"*

wird vom Partner die Beziehung als negativer wahrgenommen, die Kritikbereitschaft ist deutlich erhöht und die eheliche Zufriedenheit verringert. Solange die Schwermut andauert, kommt es zwischen den Partnern seltener zu Gesprächskontakten. Ehen mit einem Depressiven zeigen hohe Übereinstimmung in der Selbst- und Fremdeinschätzung, sehen aber untereinander größere Unterschiede in den Werturteilen als andere (nach Rahn u. Mahnkopf 1999, 329). Die Partner-Kommunikation trägt dazu bei, daß Schwermütige ihre/n Partner/in anstecken können. Depressive als Sender teilen verbal eine Botschaft, z. B. folgenden Inhaltes mit: „Ich bin so niedergeschlagen, mutlos". Non-verbal drücken sie mit Blick, Gesten oder Stimmlage die Beziehung aus, z. B."Du bist meine einzige Hoffnung", einen Appell, z. B. „Hilf mir!", die Selbstoffenbarung, z. B. „Ich bin so verzweifelt (wütend)". Nichtdepressive Empfänger reagieren zunächst mit Mitleid: „Der Arme", später sagen sich Angehörige: „Er überfordert mich, weil er sich anklammert und ich wenig Zeit habe, er frustriert mich, da er mich nicht einmal ansieht, er macht mich hilflos, weil er alle Vorschläge mit ‚ja, aber' beantwortet und aggressiv, weil seine Stimme anklagend klingt. Aber ich darf ja nicht aggressiv reagieren, denn er ist krank". Angehörige wagen es nicht, ihre Aggression auszusprechen, und wenn sie mit niemand darüber sprechen, richten sie ihre Aggression gegen sich selbst. Der Depressive übt mit seiner Hilflosigkeit Macht über die Angehörigen aus, d. h., er macht sie hilflos, aggressiv gegen sich selbst und stresst sie bis zur Depression, er steckt sie in der Kommunikation an (Tabelle 11).

Angehörige empfinden die Klagen des Depressiven als Vorwurf gegen sich, sind ständig frustriert, weil sie ihn nicht aufheitern können, und sind genervt, weil sie das Gefühl haben: „Alles, was ich vorschlage oder mache, ist falsch". Sie schwanken zwischen nervtötender Aufopferung und beleidigtem Rückzug. Wenn sich der Betroffene in seiner Schwermut suhlt, um Zuwendung (Krankheitsgewinn) zu erheischen, werden Angehörige nicht nur frustriert, sondern hilflos wütend, selbst mutlos und schwermütig. Angehörige und Helfer spüren, daß Schwermütige einen allmächtigen Erlöser suchen, das überfordert jeden Helfer (Tabelle 12).

Das Verständnis, das Angehörige dem Schwermütigen entgegenbringen, reicht oft nicht aus, weil er überhöhte Ansprüche an Zuwendung hat. Wenn Fremde Verständnis zeigen, fühlen sich Schwermütige eher verstanden und angenommen als von den eigenen Angehörigen. Da Schwermütige alte Rollen nicht mehr ausüben können, übernehmen Angehörige seine Rollenverpflichtungen. Dann fühlt sich der Schwermütige nutzlos und die Angehörigen sind überlastet und ziehen

Tabelle 12: Reaktion der ansteckungsgefährdeten Angehörigen

Die/der Schwermütige	**Angehörige**
fühlt sich hilflos, nutzlos	*reagieren überbesorgt „allmächtig"*
ist anklammernd abhängig	*ziehen sich überfordert zurück*
lehnt Vorschläge ab: „ja-aber"	*sind hilflos frustriert*
jammert anklagend	*werten ihn genervt ab, bekommen Schuldgefühle, helfen noch mehr*
hoffnungslos	*brennen aus im Dilemma von Schuld und Aggression und haben Angst vor eigener Depression*

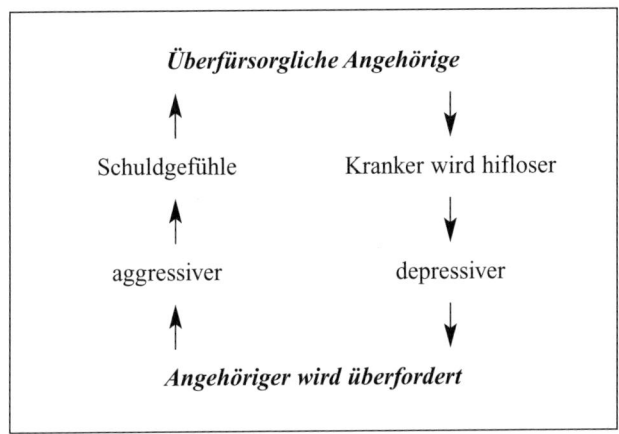

Abbildung 4: Überfürsorgliche Angehörige machen depressiver

sich zurück, so daß er sich zurückgewiesen, aufgegeben, d. h. nicht mehr geliebt erlebt: Liebesverlust verstärkt die Altersschwermut, sie ist eine Zuwendungs- oder Liebesmangelkrankheit.

Andere Teufelskreise belasten Kranke und Angehörige: Überfürsorglich pflegende Angehörige machen den Schwermütigen noch hilfloser, so daß sie infolge der Überlastung aggressiver werden. Die Schuldgefühle nach Aggressivität wollen sie durch überfürsorgliche Pflege wiedergutmachen, so daß sie nach der Heimeinweisung an Heim-Mitarbeitern nörgeln (Abbildung 4). Wenn sich Angehörige zurückziehen, fühlen sich Schwermütige abgelehnt, so daß die Suizidgefahr steigt.

3.2.3 Schwermut-Ursachen in Familie oder Station, systemische Entstehungsbedingungen

Familiäre Entstehungsfaktoren

In Familien mit Schwermütigen finden sich gehäuft andere psychische Störungen, vor allem Abhängigkeitserkrankungen. Es gibt keine einfachen Zusammenhänge zwischen Familie und Schwermut, die gefördert wird durch gestörte Kindheit und symbiotische Beziehung.

Eine **gestörte Kindheit** und ein früher Verlust des gegengeschlechtlichen Elternteils kann auch noch zur Schwermut im Alter, durch Aktualisierung alter familiärer Konflikte, beitragen, wie die Erfahrung in der Biographie, im System Familie, immer wieder zum Sündenbock erklärt worden zu sein. Wer als Kind gelernt hat, Schuld auf sich zu nehmen, kann sich noch im Alter für alle familiären Probleme verantwortlich fühlen und depressiv werden. Die oben beschriebenen Lernbedingungen einer Schwermut beginnen fast immer in der Familienbiographie.

Eine **symbiotisch polarisierte Paarbeziehung** im Sinne der oralen Kollusion nach Willi (1975) kann nach der Pensionierung zur Depression eines Partners führen, wenn die bisher zu Hause progressive Frau in die regressive Rolle gedrängt wird oder vom bisher beruflich progressiven Mann die regressive Rolle des Pfleglings erwartet wird, damit seine Frau ihre mütterliche Rolle behalten kann. Bei einer symbiotischen Paarbeziehung werden im Alter Verwitwung, Trennung oder Scheidungsandrohung als bedrohlich erlebt und lösen oft eine Schwermut aus, wenn der verlassene Partner vom anderen bemuttert und dadurch hilflos gemacht wurde und in seiner Biographie nicht gelernt hat, Trauer zu bewältigen.

Pflege in der Familie kann die Schwermut des Pflegebedürftigen und der pflegenden Angehörigen verstärken.

Schwermut des Pflegebedürftigen durch pflegende Angehörige: Eine in der Pflege überlastete Angehörige, zu 50 % die Tochter, trägt zur Schwermut des pflegebedürftigen Elternteils umso mehr bei, je überfürsorglicher sie pflegt, weil sie dadurch den Pflegebedürftigen immer abhängiger, hilfloser macht, um eigene Schuld- und Versagensgefühle zu besänftigen. Manche 50–60jährige Frau braucht einen Hilfebedürftigen in der Familie, um sich selbst als gute Mutter zu bestätigen und so das bisherige familiäre Gleichgewicht zu erhalten.

Depression der pflegenden Angehörigen: Die Pflege hilfebedürftiger Eltern in der Familie ist ein verdrängtes Thema. 83 % der Pflegenden sind Frauen, Pflege ist eine Aufgabe für alternde Frauen, denn 75 % sind über 50 und 31 % über 65 Jahre. Sie pflegen nicht nur für kurze Zeit wie um 1950, sondern 76 % über 3 Jahre. Als full-time-Job ist die Pflege eine zur Schwermut beitragende Dauerbelastung. Tabelle 13 stellt Mißverständnisse und mögliche Ansteckung der Depression in der Familie zusammen.

Tabelle 13: Depressive Mißverständnisse in der Familie

Die/der Schwermütige	Angehörige
1. Mißverständnisse	
antriebsarm, hypochondrisch, gefühllos, verzweifelt, droht mit Suizid	*deuten die Schwermut als rein psychisch, nicht ernstzunehmen, als Faulheit*
2. Ansteckungsgefahr	
abhängig, appelliert anklammernd	*gestreßt, überfordert*
ignoriert Ratschläge	*frustriert, hilflos*
anklagend, fordernd	*aggressiv, Schuldgefühle*
unerreichbar	*verunsichert, ohnmächtig*
ohnmächtig, hilflos, erschöpft	*mächtig, überbesorgt*
hoffnungslos	*Angst vor eigener Depression*
distanziert	*Rückzug*
entwertet sich	*fühlen sich überlegen*

Die Familie trägt die Hauptlast der Betreuung von alten Kranken: ²/₃ aller Kranken werden ausschließlich von den Angehörigen gepflegt, etwa ¹/₁₀ der Angehörigen nehmen zusätzlich die Hilfe von ambulanten Pflegediensten in Anspruch, und nur ¹/₄ der Kranken werden in den Heimen gepflegt.

Wer pflegt in der Familie wen? Am häufigsten pflegen Frauen ihre Mutter (20,5 %), dann den Ehemann (14,2 %), die Schwiegermutter (12,3 %), Tante oder Schwester (8,0 %), den Vater (4,1 %) oder den Schwiegervater (4,0 %). Männer pflegen am häufigsten die Ehefrau (8,0 %), die Mutter (7,5 %) und selten den Vater (2,7 %, Forschungsprojekt des Berliner Zentrums Public Health, 1999). Im familiären Pflegeteam konzentriert sich die Pflege auf eine Person, während vor 50 Jahren noch Seitenverwandte (Tanten) mithalfen.

Wer die Pflege übernimmt, entscheidet

- die Familie je nach Macht, Beziehung und Abgrenzung,
- die Elterndelegation mit der Erziehung zum care-giver,
- die Rolle der Frau, häufig die Erwartungen der Nachbarn.

Die Hälfte der Angehörigen übernimmt die Pflege selbstverständlich, etwa $1/3$ gern und $1/10$ unter dem Druck anderer.

Motive, die Pflege zu übernehmen, sind

- in der Familientradition verankert: Die Pflegende gewinnt durch die Übernahme der Pflege einen Machtzuwachs. Sie erhält damit das familiäre Gleichgewicht, mischt sich in Angelegenheiten des Kranken ein, lenkt ihn und leitet familiäre Konflikte auf den Kranken um.
- in der Pflegenden selbst begründet: Sie pflegt aus Dankbarkeit, aus Pflicht-, Schuldgefühlen oder aus Mitleid, sehnt sich nach elterlicher Liebe, sucht Selbstbestätigung.

Partnerpflege: Die Ehefrau pflegt oft den älteren Ehemann liebevoll bei zufriedener Partnerschaft. Die Partnerin klagt häufiger über Rückenschmerzen und Schwermut als eine pflegende Tochter. Für Partnerpflege wird professionelle Hilfe erforderlich, wenn die Partner voneinander abhängig oder entfremdet sind, so daß Intimpflege bei Inkontinenz Ekel erzeugt oder Eifersucht und idealistische Erwartungen die Pflegende überfordern. Hilfe durch ambulante Pflege wird nötig, wenn der bisher nachgiebige Partner dominant wird, weil der Kranke an Demenz oder Depression leidet, wenn die Partner nur noch in formaler Ehe zusammenbleiben wegen der Kinder, eines gemeinsamen Hauses, des Geredes der Nachbarn oder aus Angst vor Einsamkeit, vor Erpressung oder Rache.

Elternpflege folgt auf Partnerpflege: meistens übernimmt die Tochter die Pflege eines kranken Elternteils, wenn die Beziehung gut war, die Eltern die Tochter förderten und nicht zu streng erzogen oder wenn nach der Familientradition Eltern Ansprüche an die Kinder rückfordern. Jetzt pflegende Töchter wollen später nicht von der Tochter gepflegt werden.

Die Schwiegertochter pflegt ihre Schwiegereltern bei guter Beziehung sogar noch nach einer Scheidung, sie sorgt eher als die Tochter für professionelle Hilfe oder für Heimeinweisung, wenn sie unter der Pflege zusammenzubrechen droht. Sie wird seltener schwermütig als eine pflegende Tochter.

Welche Erwartungen prägen die familiäre Pflege?

– Der Pflegebedürftige erwartet von der pflegenden Tochter, daß sie gehorcht, sich aufopfert oder vom Testament erpressen läßt.
– Die Familienmitglieder erwarten von der Pflegenden, daß sie eigene Bedürfnisse und ihren Beruf aufgibt, allein pflegt, ohne die anderen um Hilfe zu bitten, und daß sie ihre bisherigen Partner- und Mutterpflichten weiter erfüllt; diese Erwartungen fördern die Entwicklung von Schwermut.
– Ambulante Pflegedienste erwarten, daß die Pflegende richtig pflegt und ihren Anweisungen folgt.

Was fürchten Angehörige bei Übernahme der Pflege?

– daß sie sich fügen, ihre Selbständigkeit aufgeben müssen
– daß sie krank werden, ihr Versprechen nicht halten können
– daß die Beziehung zu Partner und Kindern belastet wird.

Die Pflegebelastung wird eingeschätzt

– von $1/3$ als gesundheitlich und finanziell stark belastend
– von $1/3$ als wenig belastend bei Pflegekompetenz
– von $1/3$ als persönlicher Gewinn, wenn die Pflegende eine gute Beziehung zum Kranken hat, die Pflege gern übernommen hat, selbstbewußt, rational Probleme löst und sich selbst Freude gönnt.

Jede pflegende Angehörige ist anders belastet

– emotional am stärksten, weil z. B. ein Demenzkranker die Situation verkennt, alles vergißt, nicht dankt, aggressiv, inkontinent ist oder wegläuft. Pflegende Angehörige sagten: „Wie lange noch? Was kommt noch auf mich zu? Ich verliere Zuneigung, Verständnis, Unterstützung und Selbstverwirklichung. Ich bin eingeengt in meinen Bedürfnissen, im Denken, in Freiheit, Freizeit, Beruf, Hobby, Zukunftsplänen. Ich erlebe sein andauerndes Sterben und Trauer, das deprimiert mich",
– zeitlich: „Ich muß stets da sein, auch nachts",
– körperlich: „Ich bin erschöpft, fürchte die Zukunft".

Zusammenfassend läßt sich die Überlastung der pflegenden Angehörigen als überforderte Liebe kennzeichnen. Sie sind
- objektiv überlastet durch fehlende Informationen, durch auffälliges Verhalten, z. B. von Demenzkranken,
- subjektiv überfordert durch ständige Aufsichtspflicht, fast jede Nacht gestört zu werden, durch Aggression, Schuld, Scham, durch eigene Hilflosigkeit, ständiges Abschiednehmen bei ungewisser Zukunft, durch Mangel an Privatsphäre, durch soziale Isolation, da sich die Pflegende unentbehrlich angebunden fühlt,
- in Beziehungskrisen gestresst. Alte Familien-Krisen werden aktualisiert, Rollenwechsel mit Machtumkehr ist zu verarbeiten, Konflikte mit Partner oder Kindern sind vorprogrammiert,
- alleingelassen durch Mangel an Hilfen, z. B. an Tages-, Nacht-, Wochenend- und Kurzzeitpflege.

Folgen des Pflegestresses sind

- Familienkrisen bis zur Scheidung,
- burnout der Pflegenden bis zu Schwermut, Flucht in Sucht,
- Kontaktverluste bis zur Isolation,
- Kränkungen bis zur Altenmißhandlung: ¾ der Mißhandler in der Familie sind die Partner, ¼ Kinder (Wettstein 1997).
Von 6.000 befragten über 60Jährigen wurden 45 % vernachlässigt, 10 % körperlich geschädigt. Jeder neunte von 7.000 befragten Bonner Bürgern über 60 wurde in der Familie mißhandelt: 69 % psychisch, 30 % finanziell und 10 % körperlich (Hirsch u. Fussek 1999). Die Gründe für die Mißhandlung sind in jeder Familie verschieden: Die pflegenden Angehörigen sind erschöpft. Wer nur aus Pflicht pflegt, gängelt leicht, wenn eine Bevormundung oder lebenslange gegenseitige Kränkung vorausging. Der Rollenwechsel führt zu Macht- und Abhängigkeitsumkehr, so daß Aggressionen eskalieren und Täter und Opfer nicht mehr zu unterscheiden sind. Wie bei Kindesmißhandlung spielt bei Altenmißhandlung die Inkontinenz als Aggressionsanlaß eine Rolle, besonders wenn die Sauberkeitserziehung der jetzt pflegenden Tochter streng war. In mißhandelnden Familien wird wenig gesprochen, fehlen soziale Ressourcen und Kontakte als Außenkontrolle. Bei Gewalt in der Familie kann HSM (Handeln statt Mißhandeln) in Bonn angerufen

werden 0228–696868. Täter und Opfer werden oft schwermütig, wenn sie sich nicht aussprechen können.

Wie bewältigen Angehörige den Pflegestress (Urlaub)? 34 % opfern sich in Rollenaufblähung auf, 25 % finden eine Balance zwischen Erwartungen und eigenen Bedürfnissen und 22 % grenzen sich in einer symbiotischen Beziehung nicht genügend ab.

Warum lehnen Angehörige Fremdhilfe so häufig ab?
– weil sie die Pflege zur Selbstbestätigung brauchen,
– weil sie sich schämen, um Hilfe bitten zu müssen, Fremde in Intimräume zu lassen, wenn sie selbst schwermütig sind,
– weil sie fürchten, versagt zu haben, von professionell Pflegenden getadelt zu werden, oder daß Gewalt bekannt werden könnte, oder weil sie Kosten der Pflege oder die Rivalität der Schwestern fürchten.

Institutionell bedingte oder „veranstaltete" Depression im Heim

Heimbewohner können durch strukturelle Heimbedingungen in ihrer Depressionsneigung verstärkt werden. Etwa ½ der Heimbewohner werden depressiv (Welz 1994), je mehr das Heim wie eine totale Institution (Goffmann 1973) strukturiert ist, so daß die Bewohner immer abhängiger werden.

– Sie verlieren Rollen, ihre Identität, Ressourcen und Verstärker wie Privatheit, Selbstbestimmung, Anerkennung, Kontakte und soziale Kompetenzen, weil erwünschtes Verhalten kaum beachtet und ihre Durchsetzungswünsche von Pflegenden oft sanktioniert werden,
– sie erwarten, nichts mehr durch eigenes Handeln zu verändern,
– sie werden regressiv hilflos durch überfürsorglich bemutternde Pflege, durch Ruhigstellung und durch Zwang zur Langeweile,
– sie werden hoffnungslos in der Aussicht, das Heim nur noch als Verstorbener zu verlassen.

So wird verständlich, daß jeder zweite Heimbewohner schwermütig wird. Wie in der Familie kann die Schwermut verstärkt werden durch die Interaktion zwischen Depressiven und nicht-depressiven Pflegenden, die frustriert ablehnen oder überfürsorglich pflegen. In einem

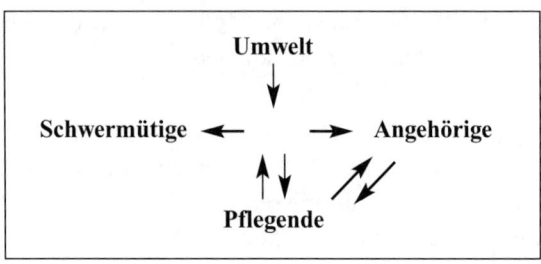

Abbildung 5: Schwermütige in der Wechselbeziehung mit Angehörigen und beruflich Pflegenden

Kreisprozeß ständiger Wechselwirkung kann der Schwermütige noch hilfloser oder auch gebessert werden (Abbildung 5).
Körperliche Behinderung, Pflegebedürftigkeit und mangelnde Integration psychisch Veränderter in Heimen, oder Einsperren verwirrter und depressiver Bewohner in geschlossenen gerontopsychiatrischen Abteilungen einiger Heime, da die Träger kein Geld für mehr Pflegende ausgeben, erhöhen die Gefahr einer schweren Depression.

3.2.4 Soziale Entstehungsfaktoren

Die Zunahme Älterer (im Jahr 2030 wird ¹/₃ der Gesamtbevölkerung über 60 sein) trägt zum Anstieg von Depressionen bei.

Die Vereinzelung erklärt, warum alte Menschen schwermütig werden können. Von den 13.067.455 über 65Jährigen in Deutschland leben 5,0 Millionen im Einpersonenhaushalt: davon sind 4,1 Mill. Frauen über 65 und 3,2 Mill. verwitwet. Fast jede zweite alte Frau lebt allein, aber nur jeder siebte alte Mann (Statistisches Jahrbuch 2000). Soziale Isolation bedeutet Kontaktmangel, Entfremdung von Gruppennormen, Einsamkeitsgefühl bis zur Altersschwermut. Die aus Verlusten entstehende Einsamkeit hat Folgen:

Verlust von Anregung	→	Demenz
Verlust von sozialen Verstärkern	→	Trauer, Schwermut
Verlust von Widerstandsfähigkeit	→	Pflegebedürftigkeit
Verlust von Realitätsprüfung	→	Rückzug und Wahn
Verlust von Kontakten	→	Schwermut, Sucht.

Der Anteil der psychisch Alterskranken an denen, die sich einsam fühlen, beträgt 45 % und an denen, die sich nicht einsam fühlen, nur 11 %. Zusammenhänge zwischen Einsamkeit und Suizid im Alter sind gesichert. Die Sterblichkeit im Alter ist bei geringer sozialer Einbindung erhöht.

Die vorzeitige Entberuflichung kann durch den Verlust von Rolle, Status, Einkommen und Kontakten zu Kollegen zur Depression beitragen. Das durchschnittliche Berufsaufgabealter beträgt bei Männern 58, bei Frauen 55 Jahre.

Die Armut im Alter betrifft vorwiegend alte Frauen. 1999 erhielten 7.793.000 Frauen (2.033.000 Männer) eine Rente unter 1.500,– DM und 1.330.000 Frauen (4.780.000 Männer) eine Rente über 1.500,– DM (Statistisches Jahrbuch 2000). Die Armut der alten Frauen schränkt die Möglichkeit ein, gesundheitliche Belastungen und Schäden in der Wohnungseinrichtung auszugleichen, sich zu informieren und danach die Einstellung zu ändern. So trägt Armut durch Ressourcen- und Kompetenzverlust zur Depression bei. Dazu kommt die Angst, als Versager zu gelten, abhängig oder einsam zu werden.

Die Mehrfachbenachteiligung alter Menschen bezieht sich auf Gesundheit, Wohn- und Bildungssituation. Die Tauschwerte alter Menschen schwinden, so daß bei nachlassender Fremdeinschätzung die Selbsteinschätzung bis zur Selbstwertkrise sinkt: Altern ist primär soziales Schicksal (Thomae 1983). Die Betreuung psychisch veränderter alter Menschen ist schichtabhängig: Oberschicht-Angehörige können sich einen Psychotherapeuten, eine private Pflegerin leisten oder sich in einem exklusiven Altenheim einkaufen. Depressive aus der Mittelschicht werden noch zum Psychiater geschickt, durch Sozialstationen begleitet oder in einem Heim eines Wohlfahrtsverbandes gepflegt. Depressive aus der Unterschicht werden vom praktischen Arzt wegen ihrer körperlichen Beschwerden behandelt, erhalten selten Hilfe von Sozialstationen und werden im Mehrbettzimmer eines städtischen Heimes sterben.

Pflegebedürftigkeit infolge Multimorbidität und sozialer Beeinträchtigung fördert Altersschwermut. „Pflegefälle" werden als abgebaute, verkalkte, verwelkte, unwürdige Alte, senile Pfleglinge, als Zuschlags-, Dringlichkeits- oder Sterbefälle, als Irre, als verwirrte Gerontos oder als Insassen abgewertet, entwürdigt, entpersönlicht, von Politikern als Altenlast diskriminiert, von einigen Ärzten auf körperliche Krankheiten reduziert und als irreversibel (unheilbar) entmutigt, weil doch nichts mehr zu machen sei, so daß die Krankenkassen die Kosten für stationäre Behandlung ablehnen und diese Schwer- und Mehrfachkranken im Pflegeheim trotz Pflegeversicherung zu Sozialhilfe-Empfängern werden. In einigen Großstädten kann ein Teil der Pflegebedürftigen nicht ortsnah, sondern bis 150 km entfernt untergebracht werden, so daß sie im ortsfernen Heim selten besucht werden: die Angst vor dieser sozialen Euthanasie führt zur Schwermut.

Die Vorurteile gegenüber alten Menschen, wie Defizitdenken und gesellschaftliche Erwartungen vom Rückzug, verstärken die Vorurteile gegenüber psychisch Kranken, die unsere Gesellschaft unverändert diskriminiert, ausschließt. Ältere haben Euthanasie auch Depressiver in der Nazizeit erlebt und fürchten sie (etwa 45 % der Deutschen sind dafür), wenn sie zugeben, depressiv zu sein. Das Syndrom des sozialen Zusammenbruchs nach Bengtson u. Kuypers (1985) zeigt, wie Ältere abhängig von der Beurteilung durch andere immer verwundbarer, d. h. auch depressiv werden können (Abbildung 6).

Die sozialen Faktoren, die zur Altersschwermut beitragen können, sind komplex und nicht erschöpfend darzustellen. Wenn Ressourcen und Unterstützung der sozialen Umgebung ausreichen, können Belastungen eher bewältigt werden, ohne zur Schwermut zu führen.

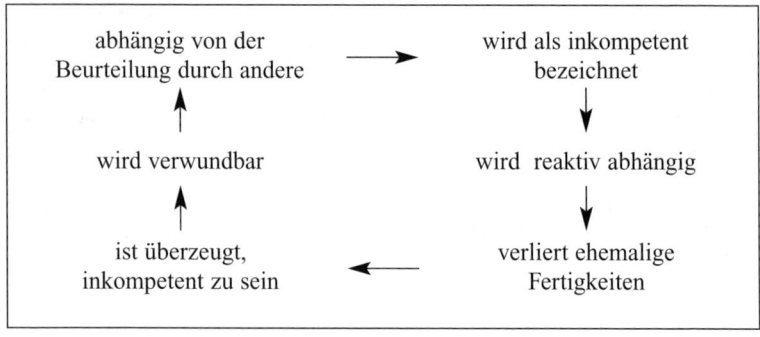

Abbildung 6: Syndrom des sozialen Zusammenbruchs

3.2.5 Depressionsfördernde Umwelt

Verlust der gewohnten Umgebung: Umzug in eine kleinere Wohnung oder in ein Doppelzimmer im Heim bedeutet Verlust von ökologischen Ressourcen mit Alltagsfreuden, z. B. an einem Baum vor der Wohnung mit Vogelgesang; es ist Entwurzelung und Entfremdung, wenn der Betagte die neue Umgebung nicht mehr nach seinen Wünschen gestalten kann und keine schöne Aussicht mehr hat. Der Umzug aus unfreundlicher und unbequemer Wohnung ins Heim kann aber auch einem Schwermütigen Freude in der neuen Umgebung erschließen.

Lichtmangel: Zu wenig Licht ist für die im Herbst und Winter gehäuften saisonalen Depressionen ein nachgewiesener Faktor. Alte Frauen haben eine so geringe Rente, daß sie ihre Wohnung nicht ausreichend ausleuchten können; so können die dunklen Räume ihre Depression verschlimmern.

3.2.6 Multifaktorielle Entstehung von Schwermut

Nach der Weltliteratur (Adam 1998) ergibt sich folgende Rangfolge der *Depressions-Risikofaktoren* bei Älteren:

– Einsamkeit nach Tod oder Trennung des Partners
– emotional labile Persönlichkeit mit Mißerfolgsorientierung bei überhöhten Ansprüchen
– vermeidende Stressbewältigungs-Strategien mit Rückzug
– früher durchgemachte Depressionen
– Häufung von Krankheiten und kritischen Lebensereignissen
– Verluste von Aufgaben, Fertigkeiten und Ressourcen
– geringe soziale Unterstützung und Schuldzuschreibung
– gesellschaftliche Abwertung als nutzlose Last.

Schwermut entsteht durch viele verschiedene Faktoren, die in Wechselwirkung sich gegenseitig verschlimmern oder abschwächen. Nach Hautzinger (1998) wird Depression durch chronischen Stress, Vorschädigungen und Vulnerabilitäten (z. B. frühere Depression, Alter, abhängige, bzw. zwanghaft-rigide Persönlichkeit, Mangel an Fertigkeiten, familiäre Einflüsse, verzerrte Einstellungen) beschleunigt, verstärkt und in einem Teufelskreis intensiviert. Die verschiedenen

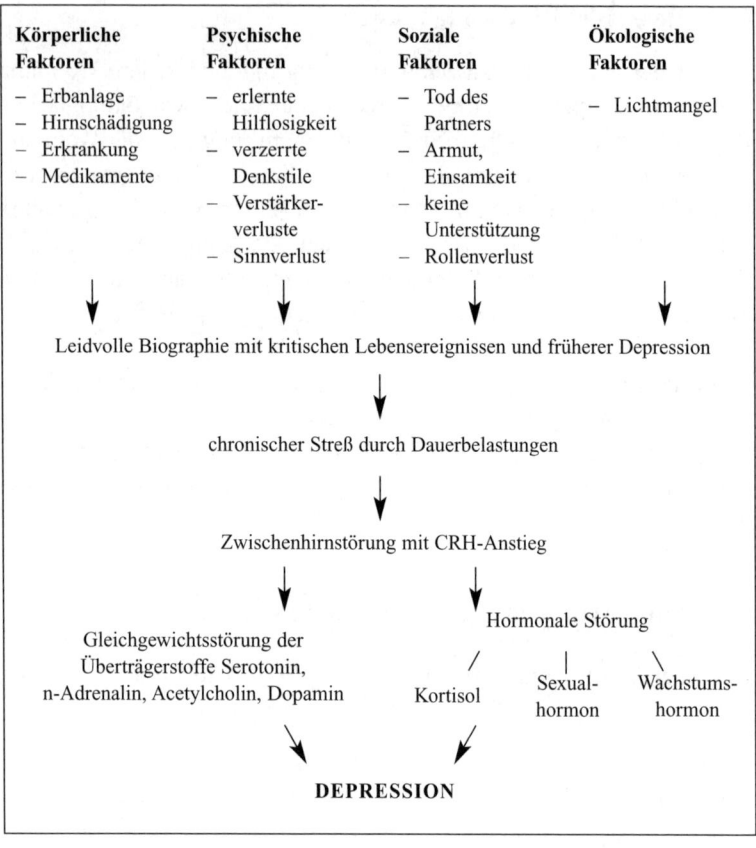

Abbildung 7: Multifaktorielle Entstehung der Depression

Faktoren erklären, warum bei gleicher Belastung nur ein Teil der Alternden schwermütig wird (Abbildung 7 u. 8).

3.3 Wie verläuft eine Altersschwermut?

Schwermut im Alter verläuft milder und abgeflachter als bipolare affektive Störungen bei Jüngeren, aber chronischer und schwerer beeinflußbar, besonders bei leidvoller Biographie und bei Kombination mit anderen Problemen, z. B. Komorbidität. Neurotische und reaktive

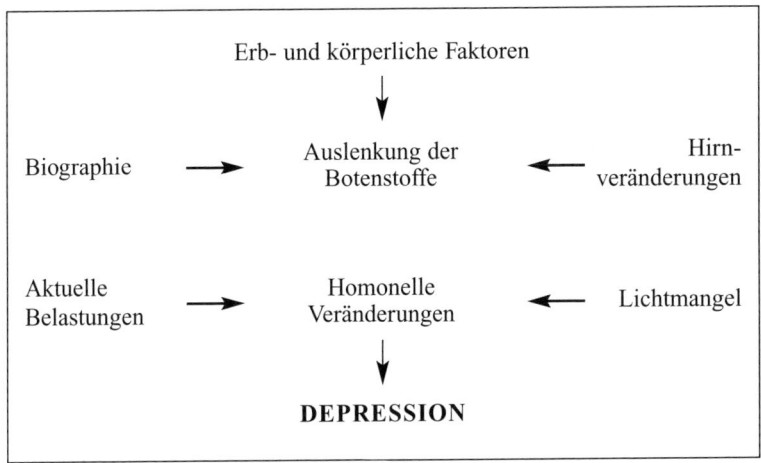

Abbildung 8: Biopsychosoziales Modell (nach Kasper u. Möller 1997)

Depression sind als pathologische Trauerreaktion nach dem Tod des Ehepartners häufiger als depressive Episoden (Bron 1991). Der Trauerprozeß ist abhängig von der Beziehung zum Verstorbenen, von situativen Todesumständen und objektiv belastenden Faktoren:
Mehr als ¼ der Depressiven waren vom Verstorbenen abhängig. Bei jedem siebten Schwermütigen war die einzige Bezugsperson verstorben. Depressive Episoden waren nach plötzlichem Tod häufiger, neurotisch-reaktive Depressionen häufiger nach langjähriger Pflege. Bei jeder neunten depressiven Episode und jeder sechsten neurotischen Depression lagen besonders belastende Umstände zum Todeszeitpunkt vor, die zum Überleben zwangen, z. B. Kriegserlebnisse, so daß Trauerarbeit verdrängt wurde. Der Depressionsverlauf ist abhängig von der Biographie, der Lerngeschichte, der Familientradition, den Lebensbedingungen, d. h. von Ressourcen und sozialen Belastungen. Den Verlauf beeinflussen auch Beziehungen, der Umgang mit Lebensereignissen, Komorbidität (z. B. Sucht), die bisherige Psychotherapie und die Behandlung mit Antidepressiva (Wolfersdorf 2000, 109). Wenn neurotische Depressionen nicht behandelt werden, können sich Somatisierungsstörungen oder larvierte Depressionen entwickeln (larviert: hinter körperlichen Beschwerden verborgene Depression).

Zur Verlagerung in den Körper tragen Beschleunigungsfaktoren, wie andere Krankheiten, Trennungserlebnisse, Berentung, das Fehlen

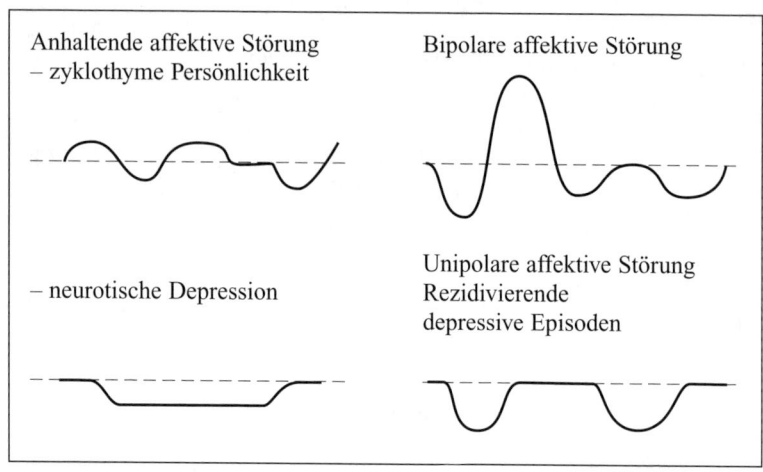

Abbildung 9: Verlaufsformen affektiver Störungen (Berger 1999, 507)

eines sozialen Netzes bei. Schwermütige mit körperlichen Beschwerden haben einen größeren Krankheitsgewinn, erhalten mehr Zuwendung. Wenn bei Schmerzen in Kopf, Rücken, Brust oder Bauch keine Befunde erhoben werden, werden diese Kranken oft als hypochondrisch nicht ernstgenommen. Verschleißerscheinungen, z. B. der Wirbelsäule, werden dann behandelt, ohne die larvierte Depression zu erkennen. Hinter vielen psychosomatischen Beschwerden Älterer kann sich eine larvierte Depression verbergen; aus dieser kann sich eine mittelschwere bis schwere depressive Episode mit somatischen Symptomen entwickeln, wenn depressionsfördernde Medikamente gegeben werden, der Kontaktmangel zunimmt und Angehörige dem Kranken wegen der körperlichen Beschwerden fürsorglicher helfen, so daß er immer hilfloser und depressiver wird.

Verläufe von Depressionen sind sehr unterschiedlich. Bei bipolaren affektiven Störungen können depressive Episoden von einer manischen abgelöst werden. Das Risiko, daß nach drei depressiven Episoden eine manische Phase folgt, liegt bei 10–30 % und ist erhöht bei Jüngeren, familiärer Belastung mit Manien, Schuldgefühlen und Hemmung.

Phasenzahl: In 30 Jahren haben bipolare Patienten 7–8 Episoden, Patienten mit unipolaren Episoden 4–5 Episoden.

Phasendauer: Unipolar depressive Episoden dauern etwa 5 Monate, bipolare 4 Monate, bei Älteren oft Jahre.

Zykluslänge (depressive Episode und depressionsfreie Phase) liegt bei unipolaren Episoden bei 4 bis 5 Jahren, bei bipolaren bei 2–3 Jahren. Bei Altersschwermut ist die Zeit der Beschwerdefreiheit verkürzt. *Remission* ist vollständige Heilung oder teilweise Besserung, bei der deutliche Restsymptome bleiben können. Genesung ist vollständige Remission über mindestens 6 Monate.

Rückfall ist das Wiederauftreten von depressiven Symptomen während der Remission, bevor Genesung erreicht ist. Die Wahrscheinlichkeit nach Remission erneut eine depressive Episode zu erleiden ist höher bei Frauen, bei früheren Episoden, Restsymptomen, bei Aktualisierung früherer Verluste, bei Einsamkeit, Entfremdung, bei ungeduldigen Angehörigen und zuviel Arznei. Kognitive Verhaltenstherapie verlängert die depressionsfreie Zeit. Etwa 10 % der Depressionen werden chronisch.

Wiedererkrankung ist das Auftreten einer neuen depressiven Episode nach vollständiger Gesundung. Depressive Episoden werden in folgende Therapie-Abschnitte eingeteilt: Akut-, Erhaltungs- und prophylaktische Therapie.

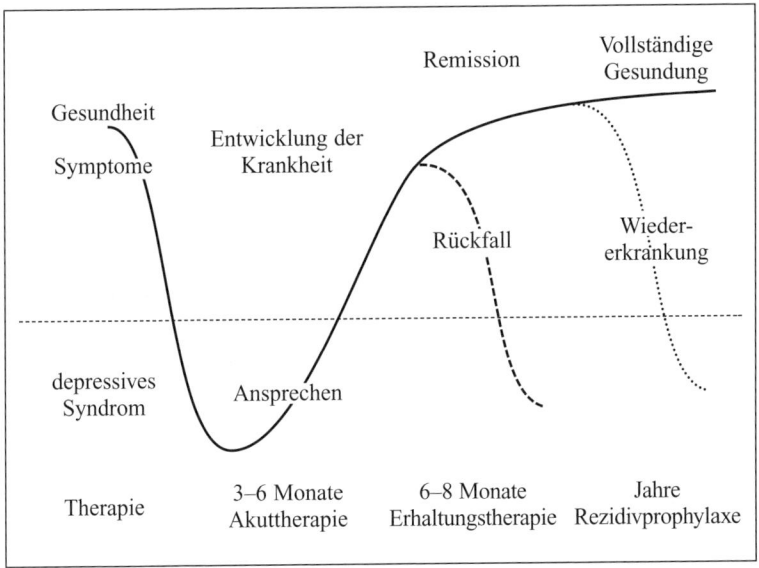

Abbildung 10: Verlaufs- und Therapieabschnitte einer depressiven Störung (Hautzinger 1998, 15; Wolfersdorf 2000, 150)

3.4 Wie ist die Heilungsaussicht (Prognose)?

Eine Phase ohne Rückfälle von mindestens 5 Jahren fand sich bei 30 % der bipolaren und bei 42 % der unipolaren affektiven Störungen. Eine Chronifizierung (mindestens 2 Jahre) besteht bei Altersdepressiven bei etwa 30 %. Innerhalb von 6 Monaten sind Depressionen bei ¾ aller Kranken abgeklungen, bei Altersschwermut dauert es länger. Die Prognose der Schwermut ist im Alter abhängig von

Komorbidität: Das Risiko Betroffener, folgende Krankheiten zu erleiden, ist dreimal häufiger als bei Nichtdepressiven: Koronare Herzkrankheit, Schlaganfall, Asthma, Magengeschwür, Diabetes, Allergien und Infektionen. Für Trauernde ist eine Schwächung des Immunsystems nachgewiesen. Bei chronisch körperlich Kranken wird die Schwermut nur in ⅓ geheilt. Mit 15 % liegt das Suizidrisiko sehr hoch, besonders bei älteren Männern. Schwermütige erkranken häufig an anderen psychischen Störungen wie Angst, Zwang, Sucht, Schlaf- und Eßstörungen, somatoformen und Persönlichkeits-Störungen. Bei ⅔ folgte die Depression den anderen Störungen.

Mortalität: Altersschwermütige sterben eher als Gesunde. Die Sterbewahrscheinlichkeit ist gegenüber Nicht-Depressiven um 1,8-fach erhöht und bei ⅘ der suizidalen Älteren läßt sich eine ernsthafte depressive Störung nachweisen (Hautzinger 2000, 16).

3.5 Welche Gefahren drohen bei Schwermut im Alter?

Folgende Komplikationen der Altersschwermut sind zu vermeiden: wahnhafte Depression, Chronifizierung bisher therapieresistenter Depressionen, Rückfälle und Suizid.

3.5.1 Wahnhafte, psychotische Depression

Eine wahnhafte (paranoide) oder psychotische Depression ist eine besonders schwere Depression, die außer den typischen Symptomen mit Wahn, Halluzinationen und/oder Stupor einhergeht. Im depressiven Stupor ist der Kranke wie gesperrt bei wachem Bewußtsein, stark gespannt, ohne zu reagieren oder zu sprechen. Im depressiven Wahn schätzt der Kranke die Realität fehlerhaft ein. Er hält an seiner Fehlbeurteilung unkorrigierbar und unwiderlegbar fest, auch wenn diese Beurteilung im Widerspruch zu den Erfahrungen der anderen steht. Der depressive Wahn stimmt mit der tiefen depressiven Herabgestimmtheit überein (stimmungskongruenter Wahn), geht aber weit über normale Angst hinaus. Die Unmöglichkeit des Wahninhaltes liegt in der Verallgemeinerung, so daß aus einer persönlichen Katastrophe der selbstverschuldete Weltuntergang gefürchtet werden kann. Die Wahnthemen zentrieren sich auf Urängste oder auf *Todesängste:*

Versündigungs-, Verfehlungs-, Schuldwahn: Der Kranke wertet kleine Vergehen als unverzeihliche Sünden. Der Schuldwahn kann sich zum Verfolgungswahn und schließlich zum Bestrafungswahn zuspitzen. Ein alter Depressiver glaubte, der Staatsanwalt verfolge ihn und schließlich wollte er sich selbst mit Suizid bestrafen, d. h. er projizierte Selbstbestrafungsbedürfnisse auf andere.

Krankheitswahn (hypochondrischer Wahn): Der Kranke fürchtet, Krebs zu haben, weil er so abgenommen habe oder an Darmverschluß sterben zu müssen, weil er so verstopft sei. Wenn Ärzte trotz gründlicher Untersuchung keinen Befund erheben, erklären sie ihn nicht selten zum „eingebildeten" Kranken, ohne seine schwere Depression zu erkennen und zu behandeln.

Verarmungswahn: Der Kranke fürchtet, Rechnungen nicht mehr bezahlen zu können, so daß selbst seine Familie vom finanziellen Ruin bedroht sei.

Der nihilistische Wahn ist die schwerste Wahnform. In seinem Leeregefühl glaubt der Kranke, nicht mehr zu existieren und meint, wenn er sich umbringe, mache er aus seinem Gefühl, schon tot zu sein, nur eine Realität. Der Kranke hat eine Untergangsgewißheit.

10–15 % der stationären Depressionspatienten leiden an einer wahnhaften Depression: sie muß als akuter Notfall immer stationär behandelt werden. Lebensbejahende Helfer bilden das wichtigste Gegengewicht gegen die Todesgewißheit des Kranken. Das Erleben ist für Betroffene und Angehörige oft schwer nachvollziehbar: „Wie konnte ich mich nur so hineinsteigern?"

Folgen der wahnhaften Depression können sein

- sehr große Suizidgefahr,
- Chronifizierung und hohe Rückfallgefahr,
- Unfähigkeit, auf Hilfe angemessen zu reagieren. Die fehlende Resonanz des Kranken macht es Angehörigen und Helfern schwer, ihn kontinuierlich zu unterstützen.

Umgang mit wahnhaft Depressiven (Wolfersdorf 2000, 208)

- den depressiven Wahn als akuten Notfall ernstnehmen,
- sofort Krisenmanagement und Therapie einleiten,
- der Kranke kann nicht mit seinem Wahn, d. h. mit seiner Todesgewißheit leben, er braucht stellvertretend Hoffende,
- die Suizidgefahr (am größten in der Aufnahmephase und nach Abklingen des Wahns) erkennen und abzuwenden versuchen,
- Weglaufgefährdung aus Klinik oder Heim abklären, sichern,
- Trinken und Ernährung sicherstellen,
- nie allein lassen, Rückzug verhindern, Einzelbetreuung ermöglichen, Kontakt- und Besuchsdichte auch nach Abklingen des Wahns beibehalten. Klären, ob Helfer Hilfs-Ich-Funktionen übernehmen, z. B. vorübergehend Entscheidungen abnehmen sollen,
- Angehörige entlasten, anfangs Besuche reduzieren und den Wahn als übergroße Angst erklären.

Therapie der wahnhaften Depression

- Ein Antidepressivum und zusätzlich ein Neuroleptikum; trizyklische Antidepressiva und trizyklische Neuroleptika (z. B. Neurocil, Melleril, Protactyl, Taxilan u. a.) sind zu meiden, weil sie sich gegenseitig in den anticholinergischen Nebenwirkungen verstärken (siehe Seite 129).
- Bei starker Angst kurzfristig Benzodiazepine, z. B. Tavor.
- Psychotherapie, um vor Suizid zu schützen, biographische Zusammenhänge zu erklären, Entscheidungen zu erleichtern. Der Therapeut akzeptiert einfühlend das wahnhafte Erleben als Ausdruck von starker Angst, ohne zu deuten oder auszureden. Es geht um die Not des Kranken, nicht darum, wer Recht hat.

3.5.2 Chronifizierung bei Therapieresistenz

Depressionen im Alter neigen zur Chronifizierung. 10–30 % der Depressiven sprechen nicht auf die Behandlung mit einem Antidepressivum an. Von Therapieresistenz (non-responder) wird gesprochen, wenn der Kranke auf wenigstens zwei unterschiedlich wirkende Antidepressiva in ausreichender Dosierung und Behandlungsdauer ungenügend gebessert wird. Chronifizierung bei Therapieresistenz folgt aus dem Zusammenwirken der verschiedensten Störfaktoren:

- *biologische:* hohes Alter, Hirnschädigung, Multimorbidität
- *soziale:* Tod des Partners, Rollenverluste, nicht bewältigte frühere Verluste, Therapie-Ablehnung durch die Familie
- *psychiatrische:* falsche Diagnose, fehlende Zusammenarbeit (Compliance) bei gestörter Arzt-Patient-Beziehung und unrealistische Erwartung
- *pharmakologische:* zu geringe oder zu hohe Dosis, Interaktion der Antidepressiva mit anderen Medikamenten, zu kurze Therapiedauer und fehlerhafte Einnahme.

Chronifizierte Depression kann Zwischenstufe in der Gebrechlichkeitskette FTT (Failure-to-Thrive-Syndrom) sein: appetitlos → Gewichtsverlust → unterernährt → depressiv → einsam → widerstandslos → Tod.

Seit Jahren chronifizierte Depressionen werden im Alter nach Verlusten von Bezugspersonen und Selbständigkeit immer schwerer beeinflußbar.

Folgende *Therapiemöglichkeiten* der therapieresistenten Depressionen schlagen Möller u. Laux (2000) vor

- Compliance-, Dosiskontrolle durch Plasmaspiegelkontrolle,
- zusätzlich Schlafentzugsbehandlung,
- antidepressive Infusionstherapie, besonders bei Älteren, die zur Austrocknung neigen,
- Wechsel zu einem Antidepressivum mit unterschiedlichem Wirkungsschwerpunkt, z. B. Remergil oder Trevilor,
- zusätzlich Aurorix oder Lithium oder Carbamazepin oder Ritalin,
- Elektrokrampftherapie, nur wenn Hirnschädigung fehlt,
- stationäre Behandlung zusätzlich mit Psychotherapie.

Helfer können eine Chronifizierung verhindern helfen, indem sie die Schwermut früh erkennen, aktuelle Verlusterlebnisse betrauern lassen, früh eine psychotherapeutische, psychiatrische und internistische Behandlung veranlassen, die Antidepressiva-Einnahme überwachen und mit therapieablehnenden Angehörigen sprechen.

3.5.3 Rückfälle

Bei jedem depressiven Schub steigt das Risiko eines Rückfalles, nach dem ersten Schub drohen in 15 %, nach dem dritten in 50 % Rückfälle. Dauertherapie zur Vorbeugung von Rückfällen wird nötig, wenn zwei oder mehr Episoden kurz aufeinander folgen oder die Episode schwer war und lang dauerte, bei Älteren, bei vorbestehender neurotischer Depression, wenn in der Familie Depressionen vorkommen, wenn der Kranke therapieresistent auf Antidepressiva reagiert und gleichzeitig unter Angst oder Abhängigkeit leidet. Dauertherapie senkt die Rückfallrate von 50 % auf 20 %. Ältere sollten lebenslang behandelt werden.

Zur Vorbeugung eignen sich

- Lithium wird verordnet zur Vorbeugung bipolarer und unipolarer affektiver Störungen, zur Behandlung von Manien und zur Suizidverhütung. Bei Älteren darf es nicht gegeben werden bei Herz- und Nierenversagen und bei kochsalzarmer Diät. Nebenwirkungen sind anfangs Muskelschwäche, Zittern und Übelkeit, später Nierenschäden, Hautausschläge und Unterfunktion der Schilddrüse. Lithium verträgt sich nicht mit Diuretika, Antirheumatika und Jod. Der Lithiumspiegel im Blut muß regelmäßig kontrolliert werden.
- Carbamazepin (z. B. Tegretal) dient der Behandlung und wie Valproinsäure (z. B. Ergenyl) zur Rückfallverhütung der Manie, wenn Lithium schlecht vertragen wird.
- Antidepressiva: Von den Serotonin-Wiederaufnahmehemmern wird für Ältere Cipramil oder Zoloft empfohlen, weil sie weniger Nebenwirkungen als die trizyklischen Antidepressiva haben und über Jahre gegeben werden können, ohne die Dosis zu reduzieren. Für Ältere ist eine Dauerbehandlung mit trizyklischen Antidepressiva zu meiden, weil sie anticholinergisch wirken, das Gedächtnis beein-

trächtigen können und eine wesentlich höhere Toxizität (die zum Suizid mißbraucht wird) aufweisen als neuere Antidepressiva.
- Psychotherapie: Für Verhaltens- und interpersonale Therapie ist eine rückfallvorbeugende Wirkung nachgewiesen.
- Eine kombinierte Vorbeugungs-Behandlung mit Verhaltenstherapie und neueren Antidepressiva über 2 Jahre hat eine deutlich geringere Rückfallrate als reine Antidepressiva-Vorbeugung.
- Rückfall-Vorbeugung durch Helfer: sie kennen die Warnzeichen wie Fehlen von Aufgaben und Familientreffen. Sie helfen, kognitive Verzerrung zu korrigieren, entwickeln Pläne zu alternativem Handeln und bauen ein soziales Sicherheitsnetz mit Kontakten auf.

3.5.4 Wie ist Verzweiflung im Suizid zu verhindern?

Wie häufig sind Suizide im Alter?

Die Suizidrate steigt im Alter an. Die Dunkelziffer ist hoch, weil sich indirekte suizidale Handlungen hinter anderen Todesursachen in der Statistik verbergen. Der Altersgipfel der Suizide liegt über 80 Jahre. In der BRD haben sich 1998 11.644 Menschen (8.575 Männer und 3.069 Frauen) das Leben genommen (mehr als Verkehrstote). In dieser Zahl sind 2.133 Männer und 1.178 Frauen über 65 (Statistisches Jahrbuch 2000). Die Suizidziffer, d. h., wieviel Menschen auf 100.000 Einwohner durch Suizid sterben, betrug in der BRD 1997 14,2 und bei den über 65jährigen Männern 50 und bei den über 65jährigen Frauen 10. 15 % der Depressiven (jeder 6.) nehmen sich das Leben, 25 % der Schwermütigen machen einen Suizidversuch und 40 % wiederholen ihn in 7 Jahren (Nicht-Depressive in 8 %). Bei $4/5$ der suizidalen Älteren ist eine schwere Depression nachweisbar. Wie ernst es Ältere meinen, geht aus der geringen Zahl der Suizidversuche gegenüber vollendeten Suiziden hervor.

Als Methode überwiegen bei Männern das Erhängen und an 2. Stelle Vergiftungen, seltener Erschießen, bei Frauen Vergiftungen und an 2. Stelle Erhängen, seltener Ertränken. Harte Methoden (Erschießen, Absturz aus großer Höhe, Erhängen, Ertränken) wenden mehr Männer, alte Vereinsamte, Geschiedene und Alkoholkranke an, weiche Methoden (Vergiftungen mit Schlaf- und Beruhigungsmitteln) benutzen Frauen, Verheiratete, Verwitwete und alte Arznei-Abhängige. Schlafmittel-Vergiftungen nehmen zu, weil sie leicht erhältlich und schmerzlos sind, enthemmen und die Rettung dem Zufall (Gottes-Urteil) überlassen.

Individuelle Erklärungsversuche des Alterssuizids

Eine **erbliche Störung der Impulskontrolle** wird diskutiert, d. h., der Gefährdete kann aggressive Impulse nur ungenügend kontrollieren.

Der nachgewiesene **Serotonin-Mangel** wird für die Aggressionsbereitschaft verantwortlich gemacht.

Psychiatrische Erkrankungen. Nicht jeder, der sich im Alter umbringt, ist schwermütig, und nicht jeder Altersschwermütige ist suizidal. Aber schwermütige Ältere sind mehr als andere suizidgefährdet (Vogel u. Wolfersdorf 1985). Depression fand sich bei 75 % der älteren Suizidenten (Dankwarth u. Püschel 1991). Ältere Depressive wünschen häufiger den Tod als Jüngere. Gehemmt Depressive können sich nicht klar für Leben oder Tod entscheiden, sie sind fatalistisch und besonders gefährdet, wenn sie entschlußfähig werden. Ringel (1978) hält den Suizid für den Endpunkt einer neurotischen Lebensverunstaltung. Die Multimorbidität trägt zur Verzweiflung bei, wenn unheilbare Krankheit, unaufhaltbarer Verfall oder Pflegebedürftigkeit dem alten Menschen den letzten Lebenssinn nehmen.

Lernpsychologisch wird Suizidgefährdung als **erlerntes Verhalten** erklärt, wenn Stress zu bewältigen nicht genügend gelernt wurde: Suizid als erlernter *Lebensüberdruß*?

Tiefenpsychologisch sind Suizide im Alter als **narzißtische Krise** nach Henseler (1980) verständlich. Nicht nur schwerwiegende kritische Lebensereignisse, sondern Kränkungen, die das Selbstwertgefühl so verletzen, daß er glaubt, nicht mehr leben zu können. Perfektionistische Depressive sind im Alter über eigenes Versagen so gekränkt, enttäuscht von sich selbst, daß sie den Boden ihres Selbstwertgefühls verlieren und keinen anderen Ausweg als den Suizid sehen, um sich vor weiteren Kränkungen zu schützen. Sie sagen z. B., „Ich habe alles versucht, mehr kann ich nicht mehr".

Identitätsverlust: Ältere sind in 5 Identitätssäulen beeinträchtigt
- sie sind körperlich vielfach krank,
- sie verlieren das tragfähige soziale Netz,
- sie können nichts mehr leisten, sich nicht mehr nützlich machen,
- sie verlieren ihre materiellen Ressourcen, ihre Ersparnisse und
- ihre Wert- und Sinnorientierung.

Sozialpsychologisch: **Einsamkeitsgefühle und Beziehungsstörungen** zu Partner oder Kindern können Suizide auslösen (Bron 1991).

Nach dem **Prozeßmodell** (verändert nach Erlemeyer 1992) ist der Suizid das Ergebnis von 5 Entwicklungen: Biographie, belastendes Ereignis, subjektive Bewertung, Persönlichkeit und Einsamkeit.

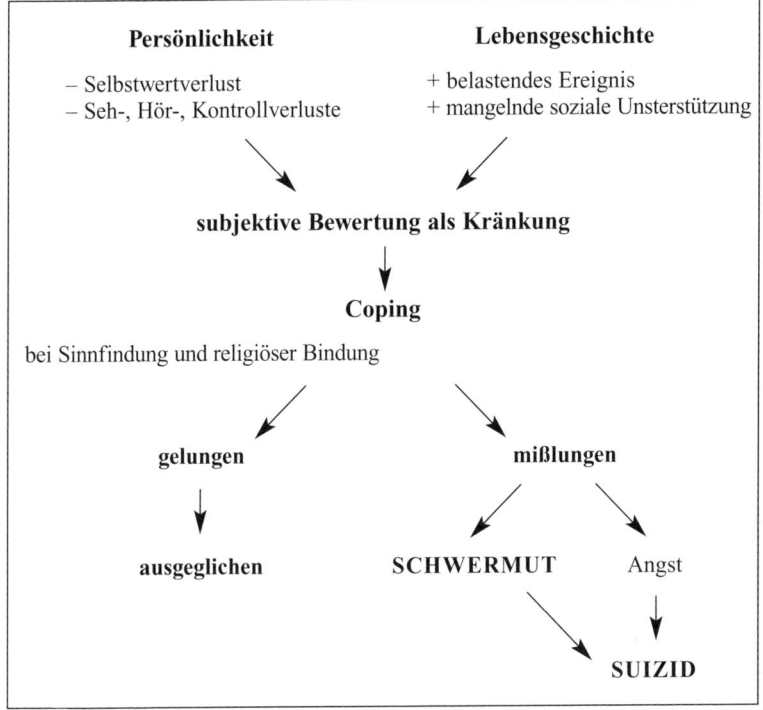

Abbildung 11: Entwicklung zum Alterssuizid als Prozeß

Die Bedeutung des Glaubensverlustes wurde bisher kaum berücksichtigt. Ältere, die keinen Halt mehr in einer festen Weltanschauung haben, können auch nicht mehr hoffen. Sie finden in ihrem Leben keinen Sinn mehr und verzweifeln. Glaubensverlust bedingt Hoffnungslosigkeit, die durch Schwermut verstärkt wird.

Soziale Erklärungsversuche des Alterssuizids

Die Suizidrate Älterer – bei Männern bis viermal so hoch als bei Frauen – ist umso höher, je schwächer das verwandtschaftliche Bezugssystem und je geringer die Integration in Vereine ist (Bock u. Webber 1972). Der Verlust der Bezugsperson durch Trennung oder Scheidung fördert eher einen Suizid bei älteren Männern als bei Frauen.

Gesellschaftliche Faktoren, die zum Suizid im Alter beitragen, werden oft verschwiegen. Heute alte Menschen sind so erzogen, daß sie anderen nicht zur Last fallen dürfen. Politiker sprechen immer wieder von Altenlast. Der Suizid eines alten Menschen wird eher als Bilanz- oder Freitod mit dem Selbstbestimmungsrecht rationalisiert, ohne die unendliche Not wahrzunehmen. Toleranz wird zur Gleichgültigkeit und unterlassene Hilfe wird damit begründet, daß man sie dem Gefährdeten nicht aufdrängen wollte, d. h., der Suizid eines Älteren wird eher akzeptiert als der eines Jüngeren, obwohl ¾ der älteren Suizidenten depressiv, d. h. verzweifelt sind. Bei einer Suiziddrohung erhalten Ältere weniger Zuwendung als Jüngere (Reimer 1982). Erwartet unsere Gesellschaft den Suizid Älterer zur Entlastung? Oder verurteilt sie Lebensmüde moralisch als „Selbstmörder"?

Wie ist Suizidgefährdung abzuschätzen?

Ältere sind umso mehr suizidgefährdet, je mehr sie zu einer *Risikogruppe* gehören. Risikogruppen sind

– ältere Männer, die mit Suizid drohen und nach einem Suizidversuch,
– Schwermütige: „Schwermut erkannt, Suizidgefahr gebannt!"
– Angehörige eines Suizidenten,
– Vereinsamte nach Verwitwung oder Pensionierung (Nutzlosigkeit),

- unheilbar Kranke, Sucht-, Krebs-, Schmerzkranke, Pflegebedürftige,
- Ältere in Krisen, Konflikten in einer engen Beziehung.

Nach einer Ambivalenz (will ich leben/sterben?) kann der Gefährdete in der letzten Phase der *suizidalen Entwicklung* für Angehörige wichtige Hinweise geben, wenn er z. B. immer wieder mit Suizid droht und plötzlich nicht mehr davon spricht oder sich die Stimmungslage ohne Anlaß bessert, weil er sich endgültig entschieden hat: „Ruhe vor dem Sturm".

Suizidhinweise

Präsuizidales Syndrom nach Ringel

- Der Gefährdete ist eingeengt in der Situation, in zwischenmenschlichen Beziehungen, dynamisch („Ich sehe keinen Ausweg mehr"), und in den Werten: „es ist alles wert-, sinnlos".
- Er staut seine Aggressionen, bis er sie gegen sich selbst richtet: Aggressionsumkehr besonders bei Schwermütigen.
- Der Gefährdete phantasiert von seinem Suizid oder träumt von Selbstvernichtung oder Katastrophen.

Unspezifische Hinweise sind nach Lauter (1978): Wer einen Suizid ankündigt, damit droht, einen Abschiedsbrief schreibt, konkrete Vorstellungen über die Art äußert, die Zukunft nicht mehr plant, frühere Suizide oder Suizide in der Familie erlebt hat, ist gefährdet.

Hinweise aus der Schwermut: Depressive sind im Anfang und beim Abklingen, im Beginn einer Behandlung mit antriebssteigernden Antidepressiva, bei lang anhaltender Schlafstörung, bei Schuld-, Verarmungs- oder Krankheits-Wahn und bei gleichzeitiger Sucht oder anderer unheilbarer Krankheit gefährdet.

Hinweise aus den sozialen Bedingungen: Wer sich in einer Familie oder Gruppe, z. B. im Heim unerwünscht, abgewertet oder verfolgt fühlt, ist ebenso gefährdet wie vereinsamte Ältere nach Aufgaben- und Kontaktverlusten oder mit Geldsorgen.

Hinweise aus der Helfer-Beziehung: Wenn die Beziehung der Bezugsperson zum Schwermütigen nicht offen, nicht wahrhaftig noch tragfähig ist, ist der Kranke gefährdet.

Zehn Signale von Suizidabsichten nach Shneidmann (1991)

1. unerträglicher psychischer Druck oder Schmerzen,
2. frustrierte Bedürfnisse nach Sicherheit, Vertrauen, Liebe, Erfolg,
3. vergebliche Suche nach einer Lösung, Suizid als Ausweg,
4. Versuch, Erleben und Denken zum Schweigen zu bringen,
5. Hilf- und Hoffnungslosigkeit mit Kränkungsgefühl,
6. Einengung in alternativen Lösungen,
7. Ambivalenz: „Hilf mir, aber ich bin es nicht wert",
8. Verschenken von Dingen, Regelung von Angelegenheiten,
9. Einschätzung des Suizids als Kündigung statt als Abschied,
10. vorschnelles Aufgeben in der Biographie.

Erhöhtes Suizidrisiko ist anzunehmen (Rausch 1991), wenn

– Suizidabsichten nur gegenüber Dritten geäußert werden,
– er mehr Gründe für das Sterben als für das Leben nennt,
– Suizidgedanken länger dauern, täglich auftreten,
– Schuldgefühle belasten, religiöse Bindung fehlt,
– die Methode gut durchdacht und verfügbar ist,
– er mutig und zur Durchführung fähig ist,
– Vorbereitungen getroffen sind, wie z. B. Tabletten-Sammeln,
– er gelassen und rational, ohne Gefühl argumentiert.

Indirekte Äußerungen sind versteckte Suizid-Hinweise: „Ich falle jedem zur Last", „Ich mache das nicht mehr mit", „Meine Lage wird sich nie bessern", „Ich möchte, daß das alles aufhört", „Ich schaffe das nicht mehr", „Wenn ich nicht mehr da bin ...", „Die werden noch sehen ...", „Die am Friedhof sind zu beneiden", „Mein Leben ist sinnlos", „Manchmal möchte ich nur noch schlafen", „Einschlafen und nicht mehr aufwachen", „Es ist das Beste für meine Familie, wenn es mich nicht mehr gibt", „Vielleicht sehen wir uns nicht mehr", „Ich danke für Ihre Mühe, Sie haben alles versucht", „Man kann sich nicht einfach davonstehlen", „Ich hasse dieses Leben", „Wenn ich meinen Glauben nicht hätte, hätte ich schon aufgegeben", „Wenn ich nichts mehr schaffen kann, tauge ich nichts mehr", „Sie hat mich verlassen, ich bin ihr nichts mehr wert", „Mich mag keiner" „... dann ist es schon zu spät", „Es gibt einen anderen Weg", „Ich will einfach Ruhe haben, nichts mehr sehen und hören", „Leben Sie wohl" statt „Auf Wiedersehen".

Angehörige und Helfer, die einen Suizid fürchten, sollten sich nicht scheuen, die Suizidgefahr mit folgenden *Fragen offen anzusprechen*

– Haben Sie daran gedacht, sich etwas anzutun?
– Drängen sich solche Gedanken auf?
– Wie würden Sie es tun?
– Mit wem sprechen Sie darüber?
– Stehen Sie unter Druck oder Zwang („Tu' es!") und wie ernst ist Ihr Todeswunsch oder können Sie ihn aufschieben?
– Wer oder was hält Sie am Leben?
– Haben Sie Hoffnung oder Ressourcen?
– Haben Sie einen Suizid versucht und wenn wie?
– Entlastet Sie dieses Gespräch?

In welcher Situation ist Suizidrisiko einzuschätzen?
Bei Suizidgedanken in einer Depression, während der Behandlung, nach einem Suizidversuch und bei unmittelbarer Drohung.

Selbstgefährdendes Verhalten verdeckt Suizidalität, wenn

– Depressive die Nahrung oder Arznei verweigern oder sammeln,
– Verwirrte weglaufen oder sich fallen lassen,
– Wahnkranke sich verfolgt oder vergiftet fühlen,
– Suchtkranke Medikamente unkontrolliert einnehmen.

Nahrungsverweigerung: Verweigert der Depressive dauernd oder vorübergehend? Ißt er unbeobachtet, reißt er sich die Sonde heraus? Ist die Nahrungsverweigerung sein verbindlicher Wille, weil er nicht mehr leben will? Wenn ein Sterbender bei der Mundpflege am Waschlappen saugt, gilt das als sein mutmaßlicher Wille, daß er Durst hat. Die Gründe für eine Nahrungsverweigerung sind verschieden: Erzwingt er Zuwendung? Vergißt er, daß er gerade gegessen hat? Riecht, schmeckt oder sieht er schlecht, daß er Speisen verwechselt? Vergeht ihm Hunger (bei Krebs oder chronischen Infekten) oder Appetit (bei Depression), wird ihm übel (bei Digitalisüberdosis), hat er Ekel, weil

Pflegende unsauber sind, protestiert er gegen sie? Schmerzen beim Kauen und Schlucken bei Herpes, Soor oder drückender Prothese? Fürchtet er Vergiftung bei Wahn?
Folgen der Nahrungsverweigerung: Der Depressive wird schwach und stürzt oder wird verwirrt und aggressiv infolge Unterzuckerung.
Hilfen: Eine konstante Bezugsperson akzeptiert die Essensverweigerung, solange ein Einwilligungsfähiger noch sein Lieblingsgetränk trinkt. Sie spricht geduldig zu, berührt, motiviert ihn, mit anderen zu essen, beachtet Eßgewohnheiten und bittet Angehörige, ihn zu ermutigen. Eine Sondenernährung (PEG) sollte als letzte Maßnahme erwogen werden. Ihn zu zwingen (die Nase zuzuhalten) ist Mißhandlung.

Zeichen akuter Suizidgefahr (nach Hautzinger 1998)

– der Depressive distanziert sich nicht von Suizidgedanken,
– er wirkt ausgesprochen hoffnungslos ohne Zukunftsperspektive,
– er hat sich zurückgezogen, reagiert nicht auf Gespräche,
– er hat Konflikte nicht gelöst,
– er reagiert gereizt, aggressiv, unruhig, mit wenig Impulskontrolle,
– er ist suchtkrank oder psychotisch,
– er unternahm einen Suizidversuch mit harter Methode,
– er hat ein Arrangement getroffen, das eine Auffindung erschwert.

Einschätzung der Verzweiflung bei Suizidgefahr

– *aus der Vorgeschichte:* In der Familie ist Depression, Suizid oder Sucht gehäuft vorgekommen. Ein alter Mann lebt getrennt oder allein, ist verwitwet oder wurde früh arbeitslos, ist durch Verluste, Beziehungsabbruch, Umzug oder Strafe belastet,
– *aus der Persönlichkeit:* Sie ist impulsiv, aggressiv, unflexibel und pessimistisch eingestellt,
– *aus der Krankheit:* Der Gefährdete ist schwer depressiv mit Schuldwahn, suchtkrank, verwirrt und hat früher Suizidversuche gemacht,
– *aus den Umständen:* Er fühlt sich gekränkt, klagt sich als Versager an, ist hoffnungslos, erschöpft, schlaflos, unruhig, depressiv verzweifelt und zieht sich zurück,
– *aus der aktuellen Situation:* Der Gefährdete kündigt einen Suizid an oder plant ihn konkret, gibt Sachen weg, schreibt einen Abschiedsbrief oder verhindert seine Entdeckung.

Wie ist ein Suizid im Alter zu verhindern?

Einen Suizid zu verhindern, ist eine schwierige Aufgabe. Noch ist wissenschaftlich nicht nachgewiesen, welche Maßnahmen suizidprophylaktisch wirksam sind. Die Beziehung hat eine größere Bedeutung als bestimmte Verfahren.

Erste Hilfe bei Suizidgefahr

- Gefahr direkt offen ansprechen: „Wollen Sie das?" „Wie und wann würden Sie es tun?"
- Sich Zeit nehmen, zuhören statt nach „warum?" ausfragen
- „Was wünschen Sie statt Tod?" „Was hält Sie am Leben?"
- „Wer kann Ihnen helfen und bei Ihnen bleiben?" Nie allein lassen!
- Stellvertretend Hoffnung geben, zum Arzt vermitteln!
- Gefühle wie Ärger, Wut, Klagen, Vorwürfe zulassen!
- Telefon-Nr. geben: Notruf 110, Telefonseelsorge 0800–1110111

Aktuelle Hilfen für Suizidgefährdete, Lebensmüde

- Eine konstante Bezugsperson bietet kurzfristig, regelmäßig engmaschig Gespräche in guter Atmosphäre an.
- Sie nimmt die Not ernst und klärt, ob der Depressive appelliert, Ruhe wünscht, erpressen will, in einer unerträglichen Situation lebt, an schwerer Krankheit leidet und die Zukunft sinnlos sieht.
- Sie fragt direkt danach, ob und wie konkret ein Suizid geplant ist und ob eine Rettung einkalkuliert ist.
- Sie zieht Bezugspersonen mit ein und klärt Bindungen.
- Sie sorgt für „sichernde Fürsorge" und hofft stellvertretend.
- Sie vermittelt Psychotherapie und psychosoziale Dienste.
- Sie sucht nach alternativen Lösungen statt ihn einzuweisen.

Finzen (1990) empfiehlt folgende Grundsätze

- Den Depressiven befragen nach Suizidgedanken, nach früheren Suizidversuchen, nach Risikofaktoren und Lebensperspektiven,
- Alle Helfer über die aktuelle Suizidgefährdung informieren,
- Die Schwermut mit Psychotherapie und Antidepressiva behandeln (nicht mit trizyklischen: damit begehen ¾ einen Suizid, sechsfache Tagesdosis ist tödlich, „Suizid auf Rezept"),
- Krisenintervention ist die wichtigste Suizidvorbeugung.

Krisenintervention

- *Konstante Bezugspersonen* nehmen Krisen-Symptome wahr
  a) körperliche: Atemnot, Zittern, Schweißausbrüche, Unruhe,
  b) psychische: der Kranke ist rat-, hilflos, gespannt, ängstlich,
  c) soziale: er bricht die Kommunikation ab und zieht sich zurück.
- *Sie denken an die Suizidgefahr* und erkennen die Not!
- *Sie bauen eine tragfähige Beziehung auf,* sie nehmen Drohungen ernst und akzeptieren den Gefährdeten bedingungslos!
- *Sie nehmen sich Zeit,* lassen ihn aussprechen: „Ich höre zu!"
- *Sie bieten sofort und regelmäßig Einzelgespräche an.*
- *Bezugspersonen entlasten von Gefühlsdruck,* sie versuchen, ihn einfühlend zu verstehen, nicht zu bewerten, helfen ihm, zu weinen, Schwächen und Wut zu zeigen, berühren ihn, halten seine Hand.
- *Sie klären den kränkenden Anlaß,* den Auslöser der Krise, wer mitbeteiligt ist und ob die kränkende Person einzubeziehen ist.
- *Sie hoffen für den Gefährdeten stellvertretend* und geben Geborgenheit. Sie sprechen die Suizidgefahr offen im Hier und Jetzt an.
- *Sie können Verträge mit dem Gefährdeten abschließen,* z. B. „Ich verspreche, bis morgen am Leben zu bleiben, alle Möglichkeiten zu nutzen, egal wie ich mich fühle. Ich kann jederzeit jemand anrufen". Brauchen die Helfer diesen Vertrag nur zur eigenen Beruhigung?
- *Bezugspersonen informieren Mitarbeiter, Angehörige,* den Betreuer, den Psychiater, der über Sedierung und Einweisung entscheidet.
- *Sie überwachen die Einnahme* von Neuroleptika (z. B. Risperdal) und Antidepressiva und dokumentieren deren Nebenwirkungen.
- *Bezugspersonen bauen Brücken:* Sie sprechen Termine ab, die sie verläßlich einhalten, bitten z. B. eine Pro-und-contra-Liste zu erstellen und Fragen zu beantworten wie: „Wie geht Ihr Leben weiter?"
- *Sie ermöglichen Trauer-Rituale,* positive Erfahrungen mit dem Körper, mit Musik, mit Entspannung und Phantasiereisen.
- *Sie suchen nach einem Sinn* der Suizidgedanken: will der Schwermütige nur Ruhe, appelliert er, ruft er um Hilfe oder will er erpressen? Wozu will er Hand an sich legen? Sie zeigen Vergebung auf.
- *Sie erkunden,* welche Lösungen der Gefährdete bereits versucht hat und welche Möglichkeiten er hat, sich selbst zu helfen oder andere Hilfe zu suchen und Rahmenbedingungen zu verändern.
- *Sie erstellen einen Hilfsplan* mit dem Betroffenen und nicht für ihn.

- *Sie erarbeiten kurzfristige Ziele,* z. B. sich von der Krise zu distanzieren, die Beziehung zu klären, die Symptome zu erleichtern, Alternativen im Verhalten und in der Beziehung zu suchen. Sie besprechen mit ihm, bis wann er was, wie und womit durchzuführen bereit und fähig ist. Welche Hilfssysteme, Kontakte und Bezugspersonen sind zu mobilisieren?
- *Sie erarbeiten mit ihm übergeordnete Ziele,* das Selbstwertgefühl wieder aufzubauen und Alternativen in der Selbsthilfe zu erproben.
- *Bezugspersonen bringen sich in der Krisenintervention als Person ein,* relativieren sich selbst als Reflexionshilfe, lassen die Krise offen, vermeiden Ratschläge, Drohungen, suchen selbst nach Hilfe.
- *Sie setzen sich für Nachsorge* durch Psychotherapeuten und Sozialarbeiter ein, um mehr Selbsthilfemöglichkeiten zu aktivieren.

Wedler (1987) faßt *Krisenintervention in 7 Schritten* zusammen

1. frühzeitig Kontakt aufnehmen und akzeptieren,
2. den Gefährdeten aussprechen lassen, zuhören,
3. soziale Beziehungen wiederherstellen,
4. psychosoziale Situation und Krise klären,
5. zur Weiterbehandlung motivieren und vermitteln,
6. in das psychosoziale Bezugssystem einordnen und
7. die Helferrolle relativieren.

Wann ist eine **Klinik- oder Zwangseinweisung** zusammen mit dem sozialpsychiatrischen Dienst *zu erwägen?*

- nach einem vollzogenen oder wiederholten Suizidversuch,
- wenn er nicht spricht, z. B. bei depressivem Stupor,
- wenn er mit erweitertem Suizid droht (Fremdgefährdung!),
- wenn eine Bezugsperson oder andere Hilfen fehlen,
- wenn die Herausnahme aus dem Krisenfeld hilft.

Therapie der Suizidgefahr bei Altersschwermut

- Krisenintervention in der Krise.
- Medikamente: Bei Schwermut dämpfende Antidepressiva und Risperdal, bei ängstlich-agitiertem Verhalten kurzfristig Diazepam.
- Psychotherapie: Kognitive Verhaltenstherapie oder interpersonale Therapie, um Krise, Beziehungen zu klären, Gefahren abzuschätzen.

- Versorgung
  a) ambulant, zusammen mit Angehörigen im Kriseninterventionszentrum
  b) stationär: eventuell gegen seinen Willen bei akuter Suizidgefahr zur Entgiftung auf der Intensivstation oder in einer psychiatrischen Klinik
  c) Nachsorge durch Hausarzt, Sozialarbeiter oder Beratungsstellen.
- Selbsthilfe mit Telefonseelsorge Nr. 0800–1110111 und der „Hilfe zum Weiterleben" in Detmold Nr. 05231–32984

Fehler macht, wer Trennungsängste, z. B. am Wochenende, im Urlaub, übersieht, sich provozieren läßt, weil er den Kranken ablehnt, das Bagatellisieren des Kranken mitmacht, Aggressionen zu stark betont, sich nach einem Vertrag sicher fühlt und die Krise ungenügend klärt.

Was sollten Sie nicht tun?

Vor einem Suizid:

- direkte Fragen vermeiden, Vorwürfe machen, Rat"schläge" geben,
- Problem oder Appell des Lebensmüden verharmlosen,
- an seinen Willen appellieren, argumentieren nach eigenen Normen.

Nach einem Suizidversuch:

- schnelle Lösung suchen und Kränkungen übersehen,
- den Suizidversuch bagatellisieren oder als Krankheit erklären,
- durch Nichtbeachten bestrafen, Provokation persönlich nehmen,
- Krisensituation und Selbsthilfefähigkeit vernachlässigen.

Was ist nach einem Suizid sinnvoll? Wenn möglich wiederbeleben, Arzt rufen, wenn nicht möglich Zimmer abschließen bis zur Kripo-Ermittlung. Im Heim brauchen Helfer Supervision, um Verantwortung zu klären. Sie achten auf schweigsame Bewohner, weil Anschluß-Suizidalität droht, verdoppeln die Nachtwache, ermöglichen Abschied und Trauer. Sie begleiten Angehörige mit Gesprächen in den ersten Wochen, nach einem Vierteljahr und nach einem Jahr. Trauer nach Suizid ist die schwerste Trauer, d. h., Angehörige können suizidgefährdet sein.

4 Wie ist schwermütigen Älteren zu helfen?

Hilfe für Schwermütige bedeutet nicht, die Krankheit Depression zu behandeln, sondern Probleme, die Schwermütige haben, zu erkennen, Ziele zu formulieren, Alternativen zu erarbeiten und zusammen mit dem Betroffenen Lösungen auszuhandeln (nach Hautzinger 2000, 28).

4.1 Umgang mit alten Schwermütigen

4.1.1 Ziele des Umgangs: Personenzentrierter Umgang

Menschenwürde und Selbstbestimmungsrecht achten,

Dem Schwermütigen begegnen, als Person zu Person mit Akzeptanz, Empathie (einfühlendem Verstehen) und Kongruenz (Echtsein),

- personbezogen, sein persönliches Wohlbefinden achtend,
- selbstwertorientiert, ihn wertschätzend akzeptierend,
- empathisch aus seiner Lerngeschichte verstehend,
- beziehungsorientiert verläßlich, um Kontakte aufzubauen,
- veränderungsorientiert motivierend und aktivierend.

Ihn individuell, je nach Biographie ressourcen-orientiert **fördern,**

Selbsthilfe, Selbstsorge und Selbständigkeit erhalten. Im Umgang mit alten Schwermütigen sorgen Helfer für

- körperliche Grundbedürfnisse und Leiden,
- emotionales Wohlbefinden,
- geistiges Training und religiöse Bedürfnisse,
- Akzeptanz, für Beziehung und soziale Integration und für
- erfreuliche Umgebung.

4.1.2 Therapeutische Grundhaltung

Helfer sollten

- depressive Symptome und nonverbale Signale wahrnehmen,
- die vielfältigen Entstehungsbedingungen verstehen,
- sich einfühlen in seine Not, ohne Mitleid vorzuspielen,
- sich positiv zuwenden, ihn vorbehaltlos akzeptieren,
- Vertrauen aufbauen durch echtes, wahrhaftiges Verhalten,
- begleiten mit viel Geduld, ohne schnelle Lösungen zu erzwingen,
- ihn und Angehörige informieren über Hilfsmöglichkeiten,
- kleine Fortschritte loben, ihn in Gruppen integrieren,
- eine Suizidgefahr offen ansprechen,
- Aufgaben vermitteln und neuen Sinn suchen!

Grundprinzipien hilfreichen Arbeitens mit Älteren (Hirsch 1999)

- Probleme Älterer in der Vielschichtigkeit beachten,
- psychosoziale Besonderheiten Älterer berücksichtigen,
- realistische positive Veränderungen erwarten,
- mit minimalen Maßnahmen die Eigenständigkeit erhalten,
- zusätzlich andere Hilfen planen und organisieren,
- mit dem Betroffenen und seinen Angehörigen verhandeln,
- bei vorhandenen Kompetenzen und Ressourcen beginnen,
- soziale, psychische und körperliche Fähigkeiten fördern,
- über geplante Maßnahmen und deren Sinn informieren,
- die therapeutische Arbeit strukturieren und begrenzen,
- eigene Angst vor dem Altern und Fehlurteile erkennen,
- Lebenserfahrung und Lernfähigkeit Älterer nützen,
- mit Lösungsstrategien spätere Krisen verhindern.

4.1.3 Hilfreicher Umgang mit Altersschwermütigen

Bezugspersonen können den Hoffnungslosen

- ansprechen, ihm regelmäßig Nähe (Beziehungsdichte) anbieten,
- wertschätzen, ihn empathisch zu verstehen versuchen,
- vorbehaltlos akzeptieren, seine Klage zulassen, denn sie hat Sinn,
- motivieren, Auslösefaktoren zu entdecken und zu ändern,
- aktivieren, mit ihm selbstgewollte Tagesstruktur planen,

- verstärken, indem sie nicht-depressives Verhalten loben,
  ihn entlasten und ihm erlauben, was er sich verbietet,
- sein Ich stützen, ermutigen, stellvertretend für ihn hoffen,
- an einem Suizid hindern, indem sie Perspektiven aufzeigen,
- zur Selbsthilfe anregen, indem sie Angehörige entlasten.

Was brauchen schwermütige alte Menschen?
- 3-Z-Betreuung: Ihre Zuwendung, Zärtlichkeit und Zeit,
- Ihre Wertschätzung zu mehr Selbstsicherheit und Selbstwertgefühl,
- Ihre Akzeptanz, um sich selbst akzeptieren zu können,
- Ihren Freispruch von Schuld- und Versagensgefühlen,
- Ihre Motivation zu erfreulichen Aktivitäten,
- Ihre Ermutigung, selbst wünschen, fordern zu dürfen,
- Ihre Hoffnung auf Zukunftsperspektiven.

Die *Helfer sollten sich* mit folgenden Fragen *an der Biographie des alten Hoffnungslosen orientieren*
- Unter welchen körperlichen Beschwerden und Krankheiten litt der Schwermütige bisher und unter welchen jetzt?
- Welche psychischen Belastungen erlebte er in seiner Biographie und welche Konflikte, Versagens- und Schuldgefühle drücken ihn?
- Welche geistigen Wertorientierungen bedingen sein überstrenges Gewissen? Welchen Sinn erkennt er noch für sein Leben?
- Welche Kontakte und Beziehungen hat er aufrechterhalten und wie können Angehörige seine Schwermut bessern oder verschlimmern?
- Fördern Armut und seine Umgebung die Hoffnungslosigkeit?

4.1.4 Wie sollten Sie mit Schwermütigen nicht umgehen?

- Appellieren Sie nicht „Nur Mut!" „Reißen Sie sich zusammen!", „Werden Sie endlich aktiv!" (ärgerliche Ungeduld).
- Aktivieren Sie ihn nicht zu früh, weil Sie zu schnell Besserung erwarten! Lassen Sie sich nicht von ihm helfen, denn er will allen alles recht machen und beklagt sich über Ihre Undankbarkeit.
- Überreden Sie ihn nicht, in fröhliche Gesellschaft zu gehen!
- Raten Sie nicht zu lebenswichtigen Grundsatzentscheidungen wie Trennung, Scheidung oder Umzug!
- Reden Sie Schuldgefühle nicht aus!
- Beschönigen oder bagatellisieren Sie nicht seine Verluste!

- Versuchen Sie nicht, ihn zu trösten: „Es wird schon wieder besser!"
- Übergehen Sie seine kleinen Erfolge nicht!
- Machen Sie keine Versprechungen: „Morgen geht es Ihnen besser!"
- Spielen Sie nicht zuviel Optimismus vor!
- Vergessen Sie die Sinnsuche aus seiner Biographie nicht!
- Werden Sie nie ungeduldig und machen Sie ihm keine aggressiven Vorwürfe! Reagieren Sie nie ablehnend!
- Streiten Sie sich nicht mit ihm, wer recht habe!
- Schreiben Sie den Angehörigen keine Schuld zu!
- Lassen Sie ihn nie allein, besonders bei Suizidgefahr!
- Überwachen Sie ihn nicht mißtrauisch! Tabuisieren Sie Suizidgedanken nicht, sondern sprechen Sie sie offen an!
- Schonen Sie ihn nicht entmündigend, indem Sie ihn in Ferien oder zur Kur schicken, solange die Depression nicht abgeklungen ist!
- Umsorgen Sie ihn nicht übermäßig, weil er sonst hilfloser wird!
- Vermeiden Sie große Nähe (Überidentifikation) und kühle Distanz!
- Verstärken Sie nicht seine Abhängigkeit aus lauter Mitleid!
- Lassen Sie sich selbst nicht anstecken!
- Spielen Sie sich nicht als großer Retter, Erlöser auf!
- Überschätzen oder überfordern Sie sich nicht selbst! Lernen Sie, mit eigenen Grenzen umzugehen, ohne zu resignieren!
- Lehnen Sie Hilfe von Kollegen für Sie nicht ab!

4.1.5 Fragen zur Selbsterfahrung der Helfer

- Kann ich mich einfühlen, eigene Trauer zulassen, mittrauern?
- Kann ich so mit Schwermütigen umgehen, wie ich es selbst möchte, wenn ich mich gekränkt oder deprimiert fühle? Kann ich akzeptieren, daß ich an Grenzen meines Helfen-Wollens komme?
- Kann ich ihn vollständig mit seinen Restfähigkeiten sehen? Kann ich akzeptieren, daß er sich letztlich nur selbst helfen kann?
- Kann ich wahrhaben wollen, daß seine Schwermut auch von meiner Beziehung zu ihm abhängt? Kann ich vertraglich festgelegter Ersatz-Spieler bleiben statt mich als Mitspieler in seinen depressiven Clinch einfangen zu lassen, so daß ich in der Beziehungsfalle handlungsunfähig werde und Schuldgefühle bekomme, wenn ich durch mein Nichthelfen-Können genervt bin? Denn er oder sie ist ja krank. Verstärke ich durch meine Überaktivität seine Hilflosigkeit?

Kontrolliert mich der Schwermütige mit seiner verleugneten Wut in einem Machtkampf? Fühle ich mich durch seine Klagen abgelehnt, weil ich ihm nichts recht mache? Begegne ich ihm als Mitmensch oder in der distanzierten Berufsrolle? Versuche ich ihn zu trösten mit Mitleid, durch das er sich abgewertet fühlt?
– Kann ich Angehörige, Mitbewohner und Mitarbeiter einbeziehen und vor einer Ansteckung schützen? Kann ich mich in die Hilflosigkeit und in den Dauerstress der betreuenden Angehörigen einfühlen und für Entlastung sorgen? Nerven mich Angehörige, wenn sie an mir herumnörgeln?

4.1.6 Wie können Helfer mit Schwermütigen kommunizieren?

Verbal: Sie ermutigen ihn, im Negativen auch Positives zu sehen, Gefühle wie Trauer, Wut, Schuld, Scham, Angst vor Versagen zu äußern. Sie wertschätzen ihn. Vorbildhaft sprechen sie per „ich", nicht vereinnahmend per „wir" oder unpersönlich von „er/sie" oder „man sollte ..."

Non-verbal geben sie Nähe mit Blicken, ignorieren depressives Verhalten und loben nicht-depressives Verhalten, indem sie ihm zulächeln, ihn berühren, in den Arm nehmen, die Hand auf die Schulter legen und ihn mit warmer Stimme ansprechen. Dabei bleiben sie echt.

4.1.7 Gute Beziehung als Heilmittel für Schwermütige

Beziehung als Heilmittel einzusetzen, bedeutet, dem Schwermütigen personal als Mensch zu Mensch, als Subjekt zu Subjekt zu begegnen in symmetrischer Kommunikation, statt ihn zum Objekt einer medizinischen Behandlung zu machen. Beziehung ist individuell und situativ immer wieder anders, ist kooperativ handlungsorientiert im gegenseitigen und gleichgewichtigen Aushandeln, ein offener Dialogprozeß und nicht etwa eine standardisierbare Dienstleistung am Kunden.

Beziehung mit verstehendem Einfühlen ist wirksamstes Heilmittel. Nicht nur Gespräche, auch Berührungen fördern den Heilungsprozeß. Wenn ein alter Hoffnungsloser die Worte seiner Begleiter abwehrt und sich sperrt, bleibt immer noch der nonverbale Zugang über den Körper, damit sich der Schwermütige verstanden, akzeptiert, geliebt fühlen kann. Berührungen beim Waschen, Einreiben, Massieren werden zu einem therapeutischen Mittel, die Hände der Helfer zu einem Heilmittel für Ältere, die ihren Körper und seine Empfindungen jahrzehntelang abgelehnt haben. Auch demente Depressive, die die Bedeutung der Worte, z. B. eines Therapeuten, nicht mehr verstehen, spüren aus der Art der Berührung, ob die Beziehung des Helfers zu ihm wohlwollend, annehmend, neutral gleichgültig oder sogar ablehnend ist. Helfer sollten sich immer wieder klar werden, wie sehr sie nicht nur durch Berührungen, sondern auch durch Bewegung, Gesten, Mimik, Blicke und Stimmlage dem Hoffnungslosen nonverbal mitteilen, wie sie im Augenblick ihre Beziehung zu ihm erleben und wie sie mit ihrer Beziehung die schwermütige Stimmung erhellen und verbessern. Beziehung bedeutet nicht, mit Macht über und Verantwortung für den Kranken zu behandeln, sondern mit ihm zu verhandeln und auszuhandeln. Bisher galt nur die Arzt-Patienten-Beziehung als Heilmittel, ohne zu berücksichtigen, daß z. B. Angehörige und Pflegende mehr und durch die nötige körperliche Nähe intensiveren Kontakt zum Betroffenen haben als Ärzte. Die Beziehung zum Schwermütigen als persönliche Begegnung ist das beste Psychopharmakon oder Heilmittel.

4.2 Welche ganzheitlichen Hilfen gibt es?

Von den wenigen Schwermütigen, die depressionsspezifisch behandelt werden, erhalten die meisten ausschließlich Antidepressiva, ohne die vielschichtige Gesamtsituation zu berücksichtigen. Da Altersschwermut lebensbedrohlich sein kann und oft wiederkehrt, sind Betroffene und Angehörige über die Hilfsmöglichkeiten zu informieren.

Hilfreich ist ein gerontopsychiatrisches Assessment, um den ganzheitlichen Einsatz folgender Hilfsmöglichkeiten abzuwägen:

- *Psychotherapie:* Verhaltens-, interpersonale, Familien-, tiefenpsychologische Therapie und spirituelle Hilfen zur Sinnfindung,
- *Soziotherapie:* Begleitung der Angehörigen und Milieutherapie,
- *Somatotherapie:* Bewegungs- und Entspannungstherapie, Therapie mit Antidepressiva und internistische Begleitbehandlung,
- *Selbsthilfemöglichkeiten* in tagesstrukturierenden Trainingsgruppen,
- *Rehabilitation* und Vorbeugung gegen Komplikationen.

Tabelle 14: Behandlungsschwerpunkte bei Altersschwermut

Symptome und Bedingungsfaktoren	Behandlung der Schwermut	je nach Schweregrad		
		schwere	mittelschwere	leichte
	Psychotherapie	+	++	+++
Verzerrtes Denken,	Kognitive Verhaltens-Therapie			
Soziale Konflikte,	Interpersonale Therapie			
Stress, Trauer	Entspannungs-Therapie			
	Soziotherapie	++	++	++
Sozial unsicher,	Selbstsicherheitstraining			
Ansteckungsgefahr	Angehörigenarbeit			
	Biologische Therapie	+++	++	+
Störung der Neurotransmitter,	Antidepressiva, Schlafentzug,			
Lichtmangel	Lichttherapie,			
Körperliches Leiden	Internistische Therapie,			
Gefährdende Arznei	Arznei ausschleichen			

4.3 Psychotherapie bei Altersschwermut

Nach Hautzinger (1998, 44) ist folgendes Verhalten von Therapeuten und von engagierten Helfern therapeutisch wirksam

– Sie sind aktiv, formulieren klare Fragen, erarbeiten realistische Ziele und schlagen konkret Veränderungen vor.
– Sie verwirklichen ein kooperatives Arbeitsbündnis, konzentrieren sich auf zentrale Probleme.

- Sie stellen gestufte Anforderungen, um Mißerfolge zu vermeiden und Erfolge zu ermöglichen. Sie setzen an Kompetenzen und an der Bewältigung von Alltagsproblemen an.
- Sie erklären und begründen die Therapie verständlich, führen neue Sichtweisen ein und gehen veränderungshilfreich vor.
- Sie erläutern Ziele und Veränderungsschritte verständlich und bereiten auf Rückschläge und die Zeit nach der Therapie vor.

Für die Psychotherapie ist ein gestuftes Therapiekonzept sinnvoll
- Bei schwerer Depression von psychischem Schmerz entlasten, das Selbstwertgefühl aufbauen und vor Suizid schützen.
- Bei mittelschwerer Depression schrittweise aktivieren, den Tag klar strukturieren und soziale Kompetenzen fördern.
- Bei abklingender Schwermut nicht-depressives Verhalten loben, depressives Verhalten ignorieren, schwermutsfördernde Umwelt verändern und Risiken klären.

Elemente einer wirkungsvollen Therapie der Schwermut sind
- die Erkrankung erklären und begründen,
- die Behandlung planen und strukturieren,
- Ziele konkret setzen,
- sich an Fertigkeiten orientieren und gestuft vorgehen,
- Besprochenes außerhalb der Therapie anwenden,
- die Therapeuten und Helfer sind aktiv.

Folgende Psychotherapien haben sich als wirksam erwiesen
- Kognitive Verhaltenstherapie,
- Interpersonale Psychotherapie,
- Psychodynamische Fokaltherapie.

Längerfristig schneidet die kognitive Verhaltenstherapie besser ab als die Behandlung mit Antidepressiva. Die Anzahl langfristig symptomfreier Patienten ist bei der Kombinationsbehandlung von Psycho- und Pharmakotherapie größer, d. h., es gibt weniger Rückfälle (nach Hautzinger 1998).

Indikationen zur Psychotherapie sind nach Hautzinger (1998, 84) leichte und mittelschwere depressive Episoden, Dysthymien, Depressionen bei körperlichen Störungen, depressive Anpassungsstörungen, Altersschwermut und Ablehnung von Medikamenten.

Indikationen zur Kombination mit Antidepressiva sind depressive Episoden mit schweren, mit körperlichen und mit psychotischen Symptomen, bipolare affektive Störungen und Altersschwermut.

4.3.1 Kognitive Verhaltenstherapie

Sie ist auch im Alter und bei eingeschränkter geistiger Beweglichkeit wirksam, auch wenn die bisherige Behandlung mit Antidepressiva erfolglos war. Helfer können von kooperativen Psychotherapeuten zur Mitarbeit als Co-Therapeuten eingeführt werden.

Folgende Grundfertigkeiten, die Hautzinger (1998, 55) für Therapeuten fordert, sind auch für Helfer und Angehörige wünschenswert: Sie sollten die Behandlung mit Antidepressiva kennen, die aktuelle Situation, die Leistungs- und Belastungsfähigkeit des Schwermütigen einschätzen, in Krisen beruhigende Versicherungen geben und aktuell entlasten können. Sie sollten über die Krankheit Schwermut aufklären, Mißverständnisse ausräumen und über Behandlungsmöglichkeiten, z. B. mit Broschüren, informieren, um Ängste auszuräumen und die Kooperation zu verbessern. Helfer können Schwermütige besser begleiten, wenn sie die Methoden der Verhaltenstherapie kennen.

Hautzinger (1998, 50) beschreibt folgende individuell anzupassende *Behandlungsphasen:*

1. Phase: **Schlüsselprobleme benennen.** Überblick verschaffen, nach den Kriterien Dringlichkeit, Wichtigkeit, Veränderbarkeit. Aufbau einer Beziehung bedeutet, den Betroffenen in der negativen Sichtweise akzeptieren, aktiv zuhören, seine Störung sicher (professionell) erkennen und mit einem Arbeitsbündnis vorgehen.

2. Phase: **Der Therapeut vermittelt ein therapeutisches Modell.** Er arbeitet den Zusammenhang von Gedanken, Gefühlen und Verhalten anhand der Erlebnisse des Kranken heraus und leitet daraus die Therapie ab.

3. Phase: **Aktivitätsaufbau.** In der Wochenplanung werden Erfolge und Vergnügen im Ablauf gestuft geplant, realistische Ziele gesetzt und geklärt, welche Hilfen nötig werden.

4. Phase: **Soziale Kompetenz.** Im Rollenspiel soll der Schwermütige seine Probleme erkennen. Er erhält differenzierte, verhaltensbezogene Rückmeldung, soll üben und es in den Alltag übertragen.

5. Phase: **Kognitive Techniken** erfassen negative Einstellungen im Zusammenhang mit negativen Gefühlen und Verhalten. Neue Zuschreibungen und andere Erklärungen werden in der Realität getestet und Konsequenzen von Einstellungen aufgezeigt.

Merkmale der Verhaltenstherapie sind Interesse, Bemühen, Neugier, Echtheit, Aufrichtigkeit, Empathie, Verständnis, Akzeptanz, Wärme, fachliche Kompetenz und entspanntes Verhalten in der Interaktion. Der Therapeut lenkt das Gespräch auf zentrale Aspekte, gibt Rückmeldungen und achtet darauf, daß Hausaufgaben und konkrete Übertragung in die Realität die Therapiesitzung beschließen.

Verhaltenstherapie beeinflußt direkt das Verhalten, erleichtert mit positiven Erfahrungen und unmittelbarer Hilfe. Ziele sind

– *Auswählen* (Selektion): Die Ansprüche den anderen Lebensbedingungen anpassen und alte Enttäuschungen bearbeiten oder aufgeben.
– *Optimieren:* Depressionsfördernde Lebenswelt, z. B. Isolation verändern, Angehörige einbeziehen, Kontakte und soziale Unterstützung aufbauen.
– *Kompensieren:* Den Teufelskreis von Passivität und Rückzug durchbrechen, aktives, die Umwelt wieder kontrollierendes Verhalten aufbauen, negative Alltagserfahrungen reduzieren, den Tag für bestimmte Aktivitäten strukturieren; Grübeleien, Gedankenkreisen und resignative Einstellungen und negative automatische Gedanken unterbrechen und durch angemessene, positive, selbstwertdienliche ersetzen, Vergangenes durch Lebensrückschau bewältigen, das Nicht-Erreichte besprechen und auf das Erreichte stolz sein, soziale Unterstützung in Rollenspielen suchen lernen, mit erlernten Bewältigungsfertigkeiten Krisen vorbeugen und bei neuen Belastungen um Hilfe nachsuchen.

Handeln, Denken und Fühlen bedingen sich gegenseitig und können die depressive Stimmung in eine positive lebensfrohe Stimmung verändern (Abbildung 12, nach Hautzinger 2000, 68).

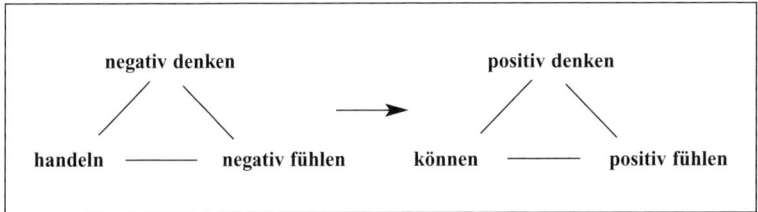

Abbildung 12: Veränderung des Depressionsdreiecks

Wer bei starken Belastungen (z. B. Pensionierung, Erkrankung) nicht weiß, wie er damit umgehen soll, negativ denkt, keine positiven Erfahrungen und keine Fertigkeiten erlernt hat, kann schwermütig werden. Jeder Schwermütige entscheidet selbst, welche Probleme er bearbeiten will. Die Probleme sollten im Alltag häufig vorkommen, sich im Denken und Handeln zeigen, wichtig, aber nicht zu schwierig sein, z B. „Ich kann schlecht einschlafen, habe dauernd Schmerzen, niemand ruft an"; diese Probleme verlangen, persönliche Ziele zu formulieren, z. B. „Ich will selbstsicherer werden, weniger an mir zweifeln und mehr Kontakte schaffen".

Wenn sich an der Lebenssituation des Betroffenen etwas grundlegend geändert hat (z. B. Umzug, Tod des Partners) und zu viele Pflichten belasten oder wenn er sich in angenehmen Situationen unwohl fühlt, weil er ängstlich angespannt ist, kann er schwermütig werden.

Diese Behandlung ist problemorientiert, strukturiert und spezifisch für Schwermut. Die Kooperation des Betroffenen mit dem Therapeuten ermöglicht, Probleme zu identifizieren, Denk-Blockaden zu erkennen und Alternativen auszuprobieren. Eine negative Stimmung zieht die Aktivitäten herunter und engt das Denken ein, eine bestimmte Handlung verändert das Fühlen und Denken und ein Gedanke oder Erinnerung lähmt das Verhalten und drückt die Stimmung. Diese Zusammenhänge engen sich immer weiter in einer trüben, negativen Spirale ein. Die Verhaltenstherapie stoppt die abwärts gerichtete Depressionsspirale:

– Sie fühlen sich niedergeschlagen und haben keine Lust, etwas zu tun.
– Sie haben im Alltag keine positiven Erlebnisse.
– Ihre Stimmung wird schlechter und Sie tun nur noch das Nötigste.

- Sie haben überhaupt nichts mehr, an dem Sie sich freuen können.
- Ihre Stimmung ist auf dem Nullpunkt und Ihnen ist alles zuviel.

Die Verhaltenstherapie kehrt diese Spirale um in eine aufwärts gerichtete konstruktive Entwicklung:

- Ihre Stimmung ist auf dem Nullpunkt und Ihnen ist alles zuviel.
- Sie raffen sich auf und machen das, was Sie schon lange tun wollten.
- Sie freuen sich über Ihren Erfolg und Ihre Laune wird besser.
- Heute tun Sie außer Ihren Pflichten noch etwas, was Ihnen Spaß macht.
- Ihre Stimmung wird immer besser und Sie planen weitere Unternehmungen, die Ihnen Freude machen (Hautzinger 2000, 66–67).

Fragen in der Gesprächsführung helfen dem Schwermütigen, sein Problem zu erkennen, willkürliche Schlußfolgerungen zu prüfen, alternative Lösungen zu erarbeiten und Konsequenzen einer geplanten Handlung zu überlegen. Helfer fragen kurz und konkret, offen, gelenkt, um den Schwermütigen selbst dazuzubringen, Widersprüche zu erkennen. Sie fragen sokratisch, d. h. sie hinterfragen seine Meinung, z. B. „Glauben Sie wirklich? Wie kommen Sie darauf? Können Sie es auch anders sehen?" Sie vermeiden suggestive mit „ja" oder „nein" zu beantwortende Fragen und ein Trommelfeuer von Fragen oder Kreuzverhör, damit sich der Depressive nicht in die Enge gedrängt oder bloßgestellt fühlt. Helfer fragen detailliert, wie oft und intensiv die Symptome auftreten und genau nach der Situation, wann, wo und wie sich der Depressive und die beteiligten Personen verhalten haben. Sie fragen differenziert, wie die Stimmung vor, während und nach dem Ereignis war, wie der Körper reagierte und erfragen: „Welche Bedeutung hatte es für Sie?"

Der Therapeut umreißt ein Schlüsselprobleme klar und identifiziert im Zusammenhang damit spezielle Annahmen und Verhaltensweisen. Er plant aktiv mit dem Schwermütigen nicht dominant für ihn die Tagesstruktur und fragt nach Problemen bei den Hausaufgaben, nach bedeutsamen Erlebnissen in der letzten Woche und nach Aufgaben, die auf den Depressiven zukommen. Er erstellt gemeinsam mit ihm eine Prioritätenliste und unterbricht längere Schweigephasen. Der Therapeut begründet den Sinn von Hausaufgaben und verstärkt seine Bereitschaft, Ideen für Hausarbeiten zu entwickeln. Er erfragt Gefühle und

Rückmeldung zur Therapiestunde, zum eigenen Verhalten, zur Hausaufgabe und achtet auf non-verbale Reaktionen. Der Therapeut beginnt, konkret zu aktivieren, um früh positive Erfahrungen zu erreichen und belastendes Erleben zu reduzieren. Tägliche Hausaufgaben sind 1. Ein Stimmungsprotokoll (abends die Stimmung am Tag bewerten), 2. Liste konkreter Probleme (die noch zu besprechen sind) und 3. eine Liste angenehmer Tätigkeiten (wie oft sie durchgeführt wurden und wie angenehm sie waren, ist zu bewerten).

Verhaltenstherapeutische Elemente, die Helfer kennen sollten

Aktivitätsaufbau: Der Schwermütige soll Ereignisse, Aktivitäten alle 4 Stunden stichwortartig protokollieren und die Stimmung während jeder Stunde markieren mit ++ (sehr gute Stimmung), + (gute Stimmung), – (schlechte Stimmung), – – (sehr schlechte Stimmung) und +/– (weder-noch-Stimmung), um den Einfluß von Aktivitäten auf die Stimmung zu erkennen. Der Schwermütige soll erkennen, daß bisher wenig geliebte Pflichten zu reduzieren sind, um Platz für stimmungsaufhellende Aktivitäten zu schaffen, die er schon lange nicht mehr gemacht hat. In einem ausführlichen Tagesplan, später Wochenplan, lernt er, sich selbst zu beobachten, welche Aktivitäten für ihn angenehm oder unangenehm sind und wie er sich realistisch für Angenehmes entscheiden kann. Der Wochenplan ermöglicht dem Therapeuten, Fortschritte, Alltagsprobleme und Stimmungseinbrüche zu erfahren. Je mehr positive Aktivitäten der Schwermütige aus seiner Biographie regelmäßig durchführt, umso besser fühlt er sich. Die Stimmungsbesserung macht ihn bereit, öfter aktiv zu werden. Er soll depressionsfördernde Aktivitäten (z. B. Grübeln, Rückzug) erkennen, durch angenehme Aktivitäten ersetzen und auslösende Bedingungen herausfinden, die seine Stimmung herabsetzen. Eine Liste angenehmer Aktivitäten hilft, genügend Anregungen für die allmähliche Steigerung der Aktivitäten verfügbar zu haben, und könnte wie folgt aussehen: Einen Ausflug ins Grüne machen, ins Kino, Theater oder Konzert gehen, einen Stadtbummel machen, den Zoo oder Tierpark besuchen, an einem Fest teilnehmen, in ein Kaffee oder Restaurant gehen, eine Ausstellung oder einen Vortrag besuchen, ins Thermalbad oder in die Sauna gehen, Billard, Schach, Scrabble, Skat usw. spielen, Kreuzworträtsel lösen, Stricken, Nähen oder andere Handarbeiten machen, Malen, Zeichnen,

Töpfern, Basteln oder Schreinern, Photographieren, Photos oder Dias sortieren, etwas renovieren oder reparieren, etwas Neues in der VHS lernen, Gymnastik oder Sport treiben, Zimmer- oder Gartenpflanzen pflegen, Wolken und Vögel beobachten, ein Instrument spielen oder im Chor mitsingen, Fernsehen oder Radiohören, Zeitung oder Zeitschriften lesen, Beten, eine Kirche oder den Friedhof besuchen, Baden, sich pflegen und schminken, gut essen, Naschen oder einen guten Wein trinken. Nach eigener Erfahrung wünschen Ältere am häufigsten Reisen, eine Unternehmung mit den Enkelkindern, Gartenarbeit, Wandern oder Spazierengehen.

Verbesserung sozialer Kompetenzen: Verhaltenstherapie baut Kontakt-, Kommunikations- und partnerschaftliche Problembewältigungsfertigkeiten mit Rollenspiel und durch Einbeziehen von Partner und Familie auf. So lernt der Depressive, seine Ansprüche in seiner Umwelt angemessen durchzusetzen und die Bedürfnisse der Sozialpartner wahrzunehmen. Da er sich selbst und seiner Umwelt oft negativ verbittert gegenübersteht, muß er positive selbst- und partnerbezogene Komplimente trainieren, damit er soziale Kontakte selbständig anfangen und aufrechterhalten kann. Im Rollenspiel kann er in natürlicher Situation neues Verhalten einüben, seine Gefühle äußern, sein nonverbales Verhalten einschätzen, seine soziale Wahrnehmung (z. B. welche Wünsche haben andere an mich) schärfen, Forderungen ablehnen, „nein" sagen, auf andere zugehen, partnerschaftlich kommunizieren und in Belastungen um Hilfe zu bitten lernen. Zu Hausaufgaben werden die Verhaltensweisen, denen die Sozialpartner eher zustimmen als sie abzulehnen. Weil er Kontakte verkümmern und Beziehungen belastet ließ, lernt er soziale Kompetenz

- im verbalen Verhalten, z. B. Fragen stellen, beantworten, Gefühle ausdrücken, auf andere eingehen und loben,
- im non-verbalen Verhalten Blickkontakt und warme Stimmlage halten,
- im motorischen Verhalten Gestik, Mimik, Haltung, Bewegungen beachten,
- im interaktiven Verhalten, z. B. zuhören, verstehen und wahrnehmen,
- im inhaltlichen Verhalten, z. B. Ich- statt man-Aussagen.

Verhaltenstherapie verbessert partnerschaftliche Kommunikation. Der Depressive ist im Umgang mit engen Bezugspersonen (Partner, Familie) oft verbittert, reizbar, ablehnend, passiv, klagsam, lustlos, pessimistisch und äußert negative Zukunftserwartungen, so daß die Bezugspersonen sich entfremdet oder entmutigt zurückziehen. Er soll konkrete Regeln für partnerschaftliche Gespräche einüben:

– aktiv, aufmerksam und akzeptierend zuhören,
– richtig verstehen, Wahrnehmung überprüfen, rückfragen,
– Partneräußerungen mit eigenen Worten wiederholen, ohne zu deuten,
– Gefühle des Gegenüber ansprechen,
– eigene Gefühle und Empfindungen mitteilen,
– positives Verhalten des Gesprächspartners verstärken,
– Störungen und Kritik ohne Vorwurf äußern,
– Konflikte besprechen,
– Kompromisse herausarbeiten,
– Interaktion abbrechen anstatt Eskalation zuzulassen.

In Kommunikationsübungen können Befürchtungen und Einstellungen in Gruppen getrennt von einer Einzeltherapie bearbeitet werden.

Kognitive Umstrukturierung von Gedankenmustern: Ungünstig ist es, dem Schwermütigen zu unterstellen, daß er falsch denke. Die automatisch ablaufenden Denkprozesse folgen aus der persönlichen Lerngeschichte, nicht aus Absicht oder Unvermögen. Der Therapeut benennt die für den Schwermütigen zutreffenden Verzerrungen in konkreten Zusammenhängen. Im Tagesprotokoll negativer Gedanken hält der Depressive Gedanken und Gefühle fest (Tabelle 15):

– Ereignis, Auslöser oder unerfreuliche Situation (E)
– bewertende automatische Gedanken, im Kopf läuft ab (b)
– negative Gefühle und Empfindungen (G)
– neue bewertende, rationale, vernünftige Gedanken
– positive Gefühle aufgrund angemessener Gedanken.

Der Schwermütige lernt so zu erkennen, welche gedanklichen Verzerrungen im Zusammenhang mit bestimmten Auslösern auftreten und welche negativen Gefühle sich daraus entwickeln.

Tabelle 15: Ereignis-bewertende Gedanken-Gefühle (EbG), Technik nach Hautzinger (2000, 221–222)

E Ereignis, Auslöser	b bewertende Gedanken	G Gefühle
unerfreuliche Situation	*im Kopf läuft ab*	*sind negativ*
Ich werde kritisiert, nicht beachtet, übergangen, nicht anerkannt, es ist anders als erwartet, mache Fehler	ich muß, sollte, darf nicht es ist furchtbar nie, immer, völlig keiner, alle bin schuld, Versager	tief traurig wie gelähmt hilflos unglücklich enttäuscht
gleiches Ereignis	*neue bewertende Gedanken* ich hätte lieber ... möchte ... ich mag nicht, daß ... es wäre schön, wenn ...	*positive Gefühle* Stimmung besser ausgeglichener ruhiger gelassen

Häufige automatisch verzerrende, unpassende, einseitige Gedanken oder stillschweigende Annahmen, Denkmuster, die unfreiwillig schnell auftreten und subjektiv plausibel erscheinen, sind:

- *Alles-oder-Nichts-Denken:* Depressive polarisieren, sehen alle Dinge schwarz oder weiß. Sobald seine Leistung nicht ganz so perfekt ist, fühlt er sich als totaler Versager. – *Hilfe:* Ereignisse sind sowohl als auch im Kontinuum zu beurteilen.
- *Übertriebene Verallgemeinerung:* Er sieht ein einzelnes negatives Ereignis als Teil einer unendlichen Serie von Niederlagen, denkt „immer, nie, jeder, alles ..."; z. B. „Ich war immer ein Versager, nie hatte ich Erfolg, jeder hat etwas gegen mich, keiner mag mich". – *Hilfe:* Die mangelhafte Logik aufzeigen, was ist wirklich immer?
- *Katastrophieren:* Er greift ein einzelnes negatives Detail heraus und suhlt sich in Katastrophen, prophezeit, daß alles noch schlimmer

wird, Er denkt an das Schlimmste, was ihm zustoßen werde. Er ist überzeugt, daß seine Vorhersage feststehende Tatsache ist. – *Hilfe:* Realistische Wahrscheinlichkeiten sehen und einkalkulieren.
- *Abwehr des Positiven,* Auswählen des Negativen: Der Depressive hält seine negative Grundüberzeugung im Gegensatz zu positiven Alltags-Erfahrungen aufrecht: „Ich habe nur Mißerfolge. Man sollte mich an Irrtümern und Schwächen messen". – *Hilfe:* Unbeachtete Erfolge identifizieren und aufschreiben.
- *Voreilige Schlußfolgerungen:* Der Schwermütige interpretiert negativ, auch wenn keine unumstößlichen Tatsachen vorhanden sind. Wenn es in der Vergangenheit zutraf, werde es immer zutreffen. – *Hilfe:* Faktoren benennen, die das Ereignis auch beeinflussen können.
- *Gedankenlesen:* Er glaubt, abgelehnt zu werden. – *Hilfe:* Genau hinsehen, hinhören, sich darüber Klarheit verschaffen.
- *Über- und Untertreibung:* Er überschätzt die Wichtigkeit seiner Fehler und der Leistung anderer oder unterschätzt eigene Fähigkeiten oder die Schwächen anderer. Er vergleicht sich mit anderen und fühlt sich selbstunwirksam: „Ich kann nichts ändern". – *Hilfe:* Sich realistisch wahrnehmen, aufhören zu vergleichen.
- *Falsches Etikettieren:* Er drückt sich ein negatives Etikett auf wie „Ich bin ein ewiger Verlierer, ein Idiot". – *Hilfe:* Sich über seinen Irrtum klarwerden, Gefühle vernünftig klären.
- *Perfektionistische Wunschaussagen:* Er versucht, sich mit Aussagen wie „Man sollte, muß, darf doch nicht", „Es hätte sich gehört", anzustacheln. Durch den Druck, die Tyrannei der überhöhten Ansprüche, fühlt er sich erpreßt: „Ich muß in allem kompetent sein". – *Hilfe:* Was muß er wirklich, was darf er sich gönnen?
- *Übertrieben verantwortlich sein,* Dinge persönlich nehmen: Er glaubt, für alles, jedes negative Ereignis, Mißlingen verantwortlich zu sein, obwohl er damit nichts zu tun hat: „Ich bin an allem schuld". – *Hilfe:* Ursachen für negative Ereignisse alternativ erklären.
- *Bezugnahme auf die eigene Person:* Der Schwermütige sieht sich im Mittelpunkt: „Jeder muß mich lieben". – *Hilfe:* Klären, unter welchen Bedingungen er im Mittelpunkt steht.
- *Emotionale Beweisführung:* Er nimmt an, daß seine negativen Gefühle genau das ausdrücken, was wirklich geschieht: „Ich fühle es, also muß es so sein", „Ich fühle mich schlecht, also bin ich es". – *Hilfe:* Negative Gefühle folgen aus negativen Gedanken.

Die automatischen Gedanken sind bei Schwermütigen zu wiederkehrenden Überzeugungen, Grundannahmen oder Regeln geworden, die sein Handeln steuern und ungünstig für Problembewältigung sind. Ältere, die jahrzehntelang solche Überzeugungen vertreten haben, sind noch fähig, ihre Einstellung zu ändern; das kann Monate dauern.

Hilfen, Methoden, um gedankliche Verzerrungen zu ändern, sind: Überprüfen der Realität, neue Zuschreibungen, Neubenennen, Alternativen finden, Rollentausch, Kriterien prüfen, Was-ist-wenn-Technik, Übertreiben, Vorteile und Nachteile gegenüberstellen, Entkatastrophieren, Gegenargumente liefern, die Willkürlichkeit enthüllen und lang- und kurzfristige Nützlichkeit prüfen.

Der Schwermütige bewertet sich negativ, z. B. als schuldig oder als Versager. In einer Liste positiver Eigenschaften kann er lernen, sich positiver zu bewerten. Er neigt dazu, sich negativ zu verstärken, z. B. sich selbst zu bestrafen. Er kann lernen, sich selbst zu belohnen. Ältere Depressive halten an alten Denkmustern und Zielvorstellungen, die nicht länger realisierbar sind, fest und passen das persönliche Anspruchsniveau den veränderten Gegebenheiten nicht an, wenn es zur Bewältigung an Problemlösungsstrategien und sozialer Unterstützung fehlt, und wenn die veränderte Umwelt als noch weniger kontrollierbar erlebt wird. Im Erleben eines schleichenden Verfalls gehen positive Verstärker verloren, besonders wenn nur eine Verstärkerquelle, z. B. Berufstätigkeit, dominierte. Der eingeschränkte Lebensbereich stimuliert gleichförmig, was zu einer Sättigung der verbliebenen Verstärker beiträgt. Wenn der Ältere früher Hilflosigkeit wiederholt erfahren hat, dann verschlimmert die Einstellung, daß er selbst an den Mißerfolgen schuld sei, seine Lage. Für ältere Schwermütige haben Krisenintervention, unmittelbare Unterstützung und Problemlösung, Information, Koordination und Planung von Hilfsmöglichkeiten oft Vorrang.

Zusammenfassung: Verhaltenstherapie hilft, positive Aktivitäten zu planen, ein Tätigkeitsprotokoll zu führen, einen Tages- und später einen Wochenplan zu erstellen, Gedanken zu kontrollieren mit der Stopp-, mit Karten- oder Signal-Technik (bei negativen Gedanken stopp sagen, Karten mit positiven Gedanken in der Tasche tragen und Signale wie rote Punkte für positive Gedanken, z. B. ans Telefon, an den Lieblingsstuhl kleben), das EbG-Protokoll zu führen, sozial kompetentes Verhalten zu lernen, sich selbst zu behaupten, Kontakte zu knüpfen und sich für die positiven Veränderungen zu loben und zu belohnen.

Verhaltenstherapeutische Rückfall-Vorbeugung: Schwermütige werden darauf vorbereitet, mit zukünftigen Krisen (Krankheiten, Konflikten) umzugehen, das Gelernte bei Belastungen eigengesteuert anzuwenden, negative Verstimmungen früh zu erkennen, Hilfsmittel zur Selbsthilfe einzusetzen, positive Aktivitäten zu erhalten und die neuen Denkmuster zu stabilisieren. Die Abstände zwischen den Sitzungen werden größer und der Therapeut ist für ein Jahr bei Stimmungseinbrüchen verfügbar. Oft reicht die Hilfe einer Sitzung aus, um den Rückfall zu bewältigen.

Verhaltenstherapeutische Gruppenbehandlung ist stationär und ambulant in offenen Gruppen durchführbar. Die drei Elemente Aktivitätsaufbau, Verbesserung sozialer Kompetenzen und Bearbeiten kognitiver Verarbeitungsmuster werden jeweils über 4 Gruppensitzungen angeboten. Zur Vorbereitung dienen 3 Einzelgespräche. Gruppen verbessern durch Kontakte und Nachahmungslernen die sozialen Kompetenzen und können Selbstwahrnehmung und Selbstbelohnung verstärken. Entspannungstraining stärkt Selbstheilungskräfte, und Selbstsicherheitstraining holt den Depressiven aus seiner Hilflosigkeit. Die stationäre Gruppentherapie dauert 6 Wochen und wird ambulant fortgeführt, um sich an Belastungen anzupassen, Rückfallpläne zu erarbeiten und Bezugspersonen einzubeziehen.

Für ältere Depressive ermöglicht die Gruppe die Erfahrung, soziale Kontakte zu fördern, z. B. Telefonnummern auszutauschen, gemeinsame Aktivitäten zu planen. Überzeugungen zu bearbeiten gelingt in der Gruppe besser, weil Ältere schwer Anregungen von jüngeren Therapeuten annehmen. In der Gruppe bringen andere ihre Erfahrungen, Sichtweisen und Realitätsüberprüfungen ein, helfen dem einzelnen, sich individuell zu entwickeln und das Gelernte im Alltag einzusetzen. Das Programm führt auch Entspannungstraining durch, um das Fühlen zu kontrollieren und Gefühls-Auslöser zu erkennen. Hautzinger (2000, 40–301) stellt das konkrete Vorgehen einer Gruppenbehandlung in 12 Sitzungen dar (Tabelle 16).

Tabelle 16: Gruppenprogramm zur Behandlung von Depressionen

Programmeinheit der Sitzung	Wichtige Inhalte
1. Einführung in das Gruppenprogramm	Wie entsteht Depression? Zusammenhang zwischen Denken, Fühlen, Handeln, Depressionsspirale
2. Problem- und Zielanalyse	Stimmungs- und Tagesplan, Ziele formulieren, Hausaufgaben
3. Angenehme Tätigkeiten und ihre Auswirkungen auf die Stimmung	Auswertung der „Liste angenehmer Tätigkeiten", Hausaufgaben
4. Planung angenehmer Tätigkeiten im Wochenplan	Gründe für schlechte Stimmung, Eintragen der Pflichten und angenehmen Tätigkeiten in den Wochenplan
5. Angenehme Tätigkeiten und Befinden, Tätigkeitsprotokoll	Wochenplan, Tätigkeitsprotokoll führen, Einführung: Denken und Fühlen
6. Negative und positive Gedanken beeinflussen das Befinden	Persönliche Gedankenkarten, Gedanken-Kontroll-Techniken: negative Gedanken unterbrechen, positive erhöhen
7. Gedanken verändern lernen	Das Ereignis-bewertende Gedanken-Gefühle-Protokoll, wann, wozu diese EbG-Technik? Alternative, positive Gedanken finden
8. Gedanken umstrukturieren	Anwendungsübungen der EbG-Technik, Selbstsicheres und kompetentes Verhalten
9. Sozial kompetentes Verhalten im Alltag erlernen	Auswertung der Stimmungs- und Tätigkeitskurven, Rollenspiele
10. Lernen von Selbstsicherheit und sozialer Kompetenz	Fertigkeiten und Selbstbehauptung lernen, Hausaufgaben
11. Neue Kontakte knüpfen und Beziehungen gestalten	Übungen zu „Kontakte herstellen", um Sympathie werben
12. Erfolge sichern, Krisen- und Notfallplan	Rückschau, Beibehalten des Gelernten, Umgang mit und Vorbereitung auf Krisen

4.3.2 Interpersonale Psychotherapie (IPT)

Die IPT konzentriert auf Hier-und-Jetzt-Beziehungen, weil sich frühere soziale Erfahrungen im aktuellen Verhalten niederschlagen. Sie erklärt die Entstehung der Schwermut aus drei Faktoren: Symptombildung, soziale Beziehungen und Persönlichkeitsfaktoren. Das Behandlungsziel ist die erfolgreiche Rollenerfüllung und die Anpassung an problematische Interaktionen. Durch Beziehungsverbesserung werden Symptome gelindert. Die Persönlichkeitsstruktur wird nicht verändert. IPT wird mit Antidepressiva kombiniert. Die Kurztherapie in 3 Phasen dauert 12 bis 20 Stunden und bearbeitet zwei der vier möglichen zwischenmenschlichen Probleme: Verluste und Trauer, Partnerkonflikte, Rollenwechsel und Isolation.

1. Phase: Die Anfangssitzungen *bewältigen Symptome*.

– Symptome werden geäußert, der Depressive erhält die Krankenrolle, wird über Krankheit und Behandlungsmöglichkeiten informiert und die Notwendigkeit von Antidepressiva wird erörtert.
– Der Zusammenhang zwischen Schwermut und dem interpersonellen Kontext wird geklärt aus der Art der Beziehung, aus den Erwartungen des Kranken und seiner Bezugsperson und aus seinen Veränderungswünschen.
– Das Hauptproblem, Behandlungsziele und Veränderungsmöglichkeiten werden festgelegt und ein Therapievertrag geschlossen.

2. Die mittlere Phase konzentriert sich auf die Behandlung der aktuellen interpersonellen Probleme in 4 Schritten: Der Therapeut klärt Problembereiche, arbeitet Erwartungen heraus, analysiert Handlungsalternativen und baut neue Verhaltensmuster auf.

3. In der Beendigungsphase wird der Behandlungsabschluß als Trauer- und Abschiedsprozeß mit Angst und Ärger bearbeitet. Die Wirkung der IPT ist in der Kurzzeit-, in der Langzeittherapie (30 Stunden in 9 Monaten) und in der begleitenden Therapie (3 Jahre mit monatlichen Kontakten) von Depressionen nachgewiesen.

4.3.3 Familien- und Paartherapie

Sie ist indiziert, wenn die Symptome durch familiäre Konflikte bedingt oder aufrechterhalten werden, die Angehörigen stark betroffen sind oder sich durch eine Einzelbehandlung bedroht fühlen, aber sie ist kontraindiziert, wenn der Depressive mangelhaft stabilisiert ist. Familien mit alten Schwermütigen lehnen oft die Familientherapie ab. In diesen Familien sind die Bindungen eng symbiotisch mit Trennungsängsten, die Normorientierung ausgeprägt und Autonomie schuldbesetzt und oft depressionsauslösend. In der Paarbeziehung ist der nicht-depressive Partner oft mächtig, großzügig gewährend oder überfürsorglich versorgend und der Schwermütige bleibt in der regressiven Rolle, so daß es zu Krisen kommt, wenn der Partner die versorgende Rolle verweigert oder der Schwermütige Verselbständigungsimpulse entwickelt. In der Familien- und Paartherapie werden Bindungs-, Trennungsdynamik und Loyalitätskonflikte bearbeitet (vgl. Begleitung der Angehörigen, Seite 118–122).

4.3.4 Psychodynamische Fokaltherapie

Diese tiefenpsychologische auf ein Problem zentrierte Therapie setzt die Bereitschaft des Schwermütigen voraus, Konflikte aufzuarbeiten. Psychodynamisch bedeutet, daß Depressive den Grundkonflikt von Bindungswunsch und Autonomiestreben regressiv (ängstlich-gehemmt, anklammernd) oder progressiv zwanghaft ungenügend bearbeitet haben. Folgende tiefenpsychologischen Therapie-Ansätze sind hilfreich:

Zur **Regression** neigt jeder Schwerkranke. Angehörige fördern die Regression älterer Kranker, wenn sie den Schwermütigen wie eine „gute Mutter ihr Kind" bemuttern, verwöhnen, d. h. ihn infantilisieren, verkindlichen, indem sie ihn nacherziehen wollen, weil sie z. B. die Verhaltenstherapie als Erziehungsmittel falsch verstehen. Helfer verstärken die Regression und damit die Schwermut, wenn sie ihn nicht fordern, ihn unpersönlich oder gar nicht mehr ansprechen, seine Biographie nicht beachten oder ihn mit Neuroleptika ruhigstellen lassen. Der Schwermütige wird durch regressionsfördernde Bemutterung immer hilfloser, abhängiger oder wütender. Helfer sollten sich fragen, ob sie sich indirekt an ihren Eltern rächen, sich in ihrer Macht und Überlegenheit bestätigen oder eigene Verwöhnungsansprüche auf Depressive projizieren? Begleiter können die Regression eines älteren Schwermütigen verhindern helfen, wenn sie ihn respektieren, schätzen, eine wahrhaftige Beziehung zu ihm aufbauen und andere Beziehungen ermöglichen, ihm Aufgaben im Sinne positiver Aktivitäten zumuten, ihn für kleine Erfolge anerkennen und loben, seine Selbsthilfefähigkeiten aktualisieren und ihn so in seinem Selbstwertgefühl stabilisieren.

Das strenge Gewissen, das tyrannische Überich des Depressiven („Ich müßte, sollte, darf doch nicht …") führt zu Schuld- und Versagensgefühlen, zur Selbstentwertung und zur Aggression gegen sich selbst. Haben strenge, Aggressionen unterdrückende Eltern dieses tyrannische Überich anerzogen? Angehörige, die dem Schwermütigen Vorwürfe machen, weil er sich durchsetzt, die ihn als unbeherrscht abwerten, wenn er inkontinent wird, ihn mit verachtenden Blicken strafen, wenn er sich selbst befriedigt, verhalten sich wie strafende Eltern, d. h., sie verstärken seine selbstabwertende Scham und Schuldgefühle. Begleiter, die selbst zwanghaft perfektionistisch sind und Riesenansprüche an sich selbst stellen, sind gefährdet, sich von der Schwermut eines Älteren anstecken zu lassen und auszubrennen, weil sie nicht selten in seinem strafenden Blick an die eigene strenge Mutter erinnert werden, die jahrelang Macht durch Schuldgefühle ausgeübt hat. Angehörige brauchen mehr Nachsicht mit eigenen Schwächen, dann werden sie großzügiger mit Fehlern und Versagen von Elternfiguren umgehen und so dem alten Depressiven helfen, sich selbst zu verzeihen, statt sich zu verurteilen, die hohen Selbstanforderungen und zwanghaften Autonomiestrebungen zu hinterfragen und Abhängigkeiten zu akzeptieren.

Das Anklammern eines Schwermütigen, weil er nicht allein sein kann, überfordert die Angehörigen. Sie sollten früh genug für Kontakte zu anderen sorgen. Schwermütige, die sich von anderen angenommen fühlen, können sich selbst wieder annehmen und lieben. Je echter, wahrhaftiger, ehrlicher die Begleiter sind, umso eher können Schwermütige in Übertragungsbeziehungen neue Erfahrungen machen, um depressionsauslösende Beziehungen zu verändern.

Trauerarbeit ist bei alten Schwermütigen nachzuholen

- gegen Verlusterleben Trauer zulassen, Angst aufarbeiten,
- gegen Mangelerleben Handlungsmöglichkeiten erweitern,
- gegen gehemmte Aggression ermutigen, Ärger äußern,
- gegen das strafende Gewissen Schuldgefühle abbauen,
- gegen das beschädigte Selbst bestätigen, aber Bestätigungssucht abbauen, Kontakte aufbauen,
- gegen die Hilflosigkeit kurze Aktivitäten einüben,
- gegen die mangelnde Individuation Wünsche erfüllen,
- für den Schrei nach Liebe Zuwendung geben, Regression teilweise zulassen und Ansprüche an Zuwendung relativieren.

4.3.5 Andere psychotherapeutische Verfahren

Gestalttherapie und Psychodrama sind auch hilfreich. In der Gesprächstherapie ist die therapeutische Grundhaltung der Helfer am besten formuliert: den Betroffenen einfühlend verstehen, ihn wertschätzen und bedingungslos akzeptieren und selbst echt und wahrhaftig bleiben. Grundsätze von körpertherapeutischen Verfahren sind für Pflegende geeignet. Körperbezogene Psychotherapien wie konzentrative Bewegungstherapie, funktionelle Entspannung und Tanztherapie helfen Depressiven, wenn ihr Körpergefühl vermindert ist und sie in der Psychotherapie mit Worten schwer zu erreichen sind.

4.3.6 Wann ist Psychotherapie ungeeignet?

- Bei langjähriger, wiederholter schwerer Depression,
- nach acht erfolglosen Psychotherapieversuchen,
- bei fehlender Kooperationsbereitschaft,
- bei Fixierung auf Antidepressiva und bei Demenz.

4.3.7 Spirituelle Hilfen bei der Sinnfindung

Die moderne Medizin verdrängt Fragen nach dem Sinn, auch des Sterbens. Im Gespräch mit dem Schwermütigen können Helfer nach einem Sinn des bisherigen und des restlichen Lebens suchen. Er kann seine Aufmerksamkeit von einer leidvollen, oft schmerzhaften Vergangenheit auf zukünftige Aufgaben, die für ihn noch einen Sinn machen, richten. Ein Hobby, das von anderen nicht anerkannt wird, ist nicht mehr sinnstiftend. Der Schwermütige will noch gebraucht werden.

Er kann manchmal ein sinnerfülltes Leben nicht allein aufrechterhalten, er braucht dazu andere, die ihn immer wieder anregen und ermutigen. Abbildung 13 zeigt Einstellungsänderung und Gesichtsfelderweiterung als Sinnsuche und Sinnorientierung auf die Frage vieler schwermütiger Älterer, „Wozu noch leben?", nach der Logotherapie von Frankl (1984) und Lukas (1998). In der Sinnfindung geht es nicht um den allgemeinen Lebenssinn, sondern um Sinn in den Alltags-Aktivitäten zu suchen, andere Perspektiven aufzubauen und um eine Einstellungsänderung zu den kritischen Lebensereignissen in der Biographie.

Wenn Ältere die Frage, „Wozu noch leben?", damit beantworten, daß im Alter vieles und schließlich alles wert-, zukunfts-, hoffnungs- und sinnlos ist, werden sie verzweifelt in Schwermut sinken. Wenn sie sich aber noch an einem Sinn orientieren, obwohl sie vielleicht pflege-

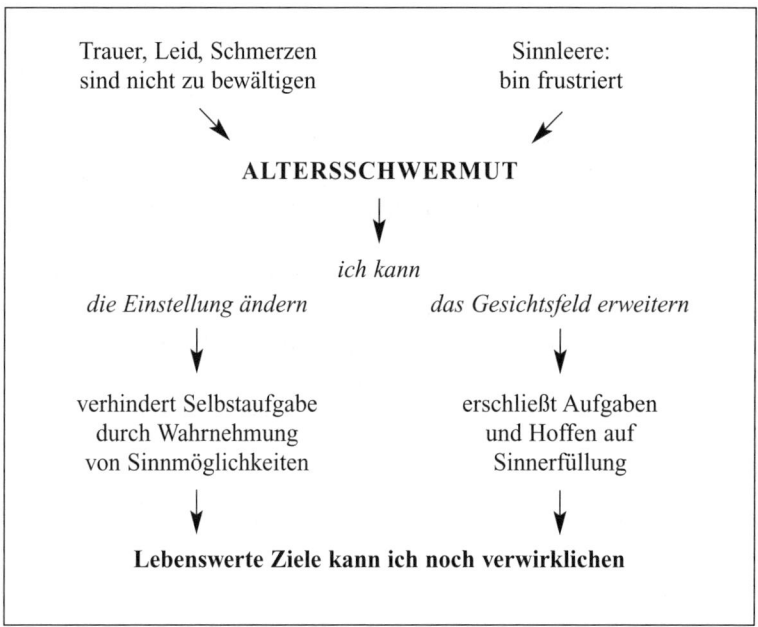

Abbildung 13: Sinnsuche als Möglichkeit, Schwermut zu überwinden

bedürftig oder gelähmt im Rollstuhl sitzen, können sie noch zufrieden werden, indem sie Sinn verwirklichen in

– *Erlebniswerten:* Sie können einem Du begegnen, Natur, Musik, Kunst oder frühere Ressourcen der Freude immer noch erleben. Wenn sie gläubig sind, können sie Gott erfahren.
– *Einstellungswerten:* Ältere können ihre Einstellung zu Leid, Schmerzen oder Trauer, die unvermeidbar sind, ändern.
– *Schöpferischen Werten,* die sie vielleicht erst im Alter entdecken, weil sie früher keine Zeit dazu hatten.

Angehörige und Helfer sollten zuhören können, wenn der Depressive *Schuldgefühle* – fast immer unberechtigte – äußert. Schuldgefühle sind oft unberechtigt, weil viele bio-psycho-soziale Faktoren unbeeinflußbar sind oder die Schuldfähigkeit vermindert war. Schuldgefühle können aus Irrtum, aus Abwehr bei zu strengem Gewissen oder Selbstüberschätzung auftreten, auch um Mitleid zu erhalten. Unberechtigte Schuldgefühle fördern die Schwermut. Begleiter helfen dem Schwermütigen, indem sie ihn aussprechen lassen, die Realität überprüfen und seine Schuldgefühle nicht abwerten oder ihm ausreden. Sie können sein Gewissen relativieren und klären, daß er nicht für alles verantwortlich sein kann. Depressive glauben, Schwermut sei eine gerechte Strafe für Schuld. Sie können Schuld wiedergutmachen, um Verzeihung bitten und sich mit anderen versöhnen, statt Schuld auf andere zu projizieren. Sie können Schuld im System verteilen, d. h., andere in Familie oder Heim tragen auch Verantwortung. Helfer können sein Selbstwertgefühl stärken, wenn sie alles betonen, was der Depressive bisher für andere getan hat. Sie können ein Beichtgespräch vermitteln, denn wenn Gott vergibt, kann er sich selbst vergeben.

Schwermut hat einen Sinn, nicht im *Daß,* sondern im *Wie* des Leidens (Frankl), eine Chance, in der Tiefe der Verzweiflung zum Menschsein zurückzufinden. Sinnfindung heißt, mit dem eigenen Schatten im Alter leben lernen:

– Zufriedenwerden mit dem Erreichten: „Es muß nicht perfekt sein",
– Kompetenzverluste bejahen und einzelne Kompetenzen optimieren,
– eine eingeengte Lebenswelt kreativ „eigensinnig" gestalten,
– Schuld wieder gutmachen, sich mit sich und anderen versöhnen,

- die eigene Wichtigkeit zurücknehmen,
- negative Erfahrungen neu und positiv bewerten,
- Hoffnungslosigkeit als Herausforderung, als Chance akzeptieren,
- sich mit dem Leid und dem Schicksal anderer beschäftigen, z. B. sich der Hospizbewegung anschließen,
- Selbstliebe statt Selbstaufopferung verwirklichen,
- dem Alter nicht Jahre, sondern Leben hinzufügen,
- auch Pflegebedürftige und Verzweifelte haben ein Lebensrecht,
- die Endlichkeit, das Sterben, die abschiedliche Existenz annehmen.

4.3.8 Hilfen der Seelsorge für alte Schwermütige

Seelsorger können schwer Depressiven helfen, wenn sie gläubig sind. Sie können nach Depping (2000) in Gesprächen, Gruppenarbeit und Gottesdiensten kognitive Umstrukturierung, Gefühls- und Biographiearbeit unterstützen und Angehörige und Helfer begleiten und ermutigen. Helfer sollten sich nicht scheuen, religiöse Bedürfnisse nicht nur bei gläubigen Schwermütigen anzusprechen oder durch Seelsorger besprechen zu lassen, wenn sie sich selbst dazu nicht in der Lage fühlen. Sie können mit ihm beten und ein Beicht-Gespräch vermitteln, damit der Hoffnungslose in der Barmherzigkeit Gottes von quälenden Schuldgefühlen befreit, sich selbst zu vergeben lernt, weil Gott jede Schuld vergibt. Begleiter sollten Schwermütige an Seelsorger verweisen, die nicht Perfektionismus („seid vollkommen wie Euer Vater im Himmel!") verkünden, die Gläubigen als Sünder einschüchtern und mit Höllenstrafen bei Versagen drohen, sondern Schwermut als Weg zu Gott und Barmherzigkeit Gottes („seid barmherzig wie Euer Vater im Himmel", Lukas 6, 36) predigen. Der Glaube an den verzeihenden und liebenden Gott ist für Hoffnungslose die Grundlage für eine letzte Hoffnung und ein wirksamer Schutz vor Verzweiflung und Suizid. Seelsorger können selbst einem schwer Pflegebedürftigen noch einen Sinn aufzeigen, wenn sie ihn bitten, für andere Notleidende zu beten. So kann sich ein Schwerkranker auch noch gebraucht und nicht nutzlos fühlen. So kann der Glaube den scheinbar unüberwindbaren Berg der Schwermut versetzen oder überwinden. Seelsorger können zusammen mit Hospiz-Mitarbeitern auf eine bewußte, gelöste Hingabe im Sterben vorbereiten, ohne in Sinnlosigkeit zu verzweifeln.

4.4 Soziotherapie

Soziotherapie umfaßt sozialpsychologische Ansätze, Milieutherapie, Angehörigenarbeit und Sozialarbeit. Sie ergänzt Psychotherapie und Antidepressiva-Behandlung. Sozialpsychiatrische Dienste der Gesundheitsämter können Beratungen, Haushaltshilfen für alte Schwermütige vermitteln, Angehörige mit einbeziehen und die Notwendigkeit einer Klinikeinweisung klären.

4.4.1 Sozialpsychologische Ansätze

Sozialpsychologische Hilfen haben folgende Ziele:

- gestörte zwischenmenschliche Beziehungen wiederherzustellen,
- Selbstgefühl und Eigenleistung zu verstärken,
- eine psychiatrische Hospitalisierung zu vermeiden,
- den Kranken früh zu rehabilitieren, um Alltags-Fertigkeiten, die für das Zurechtkommen alter Depressiver in ihrer Wohnung oft Vorrang haben, wiederherzustellen.

Bezugspersonen heilen durch Beziehung (siehe Seite 93):

- sie wertschätzen, akzeptieren, fühlen sich ein und bleiben echt,
- sie sprechen regelmäßig über positive Erinnerungen, loben Aktivitäten und achten auf Todeswünsche (Suizidgefahr),
- sie ermutigen, soziale Aufgaben zu übernehmen,
- sie trainieren Selbstbehauptung, „nein" sagen zu können, und bauen übergenaue Erfüllung der Erwartungen anderer ab,
- sie integrieren in Gruppen:

Selbsthilfegruppen sind Gesprächsgruppen, um sich im Leid zu solidarisieren, sich auszutauschen, sich gegenseitig zu ermutigen, z. B. zum Training von Alltagsfertigkeiten, das Helfer in folgenden Bereichen unterstützen: selbständig Speisen zubereiten, essen, sich waschen und pflegen, sich kleiden, sich bewegen, selbständig zur Toilette gehen und sich beschäftigen. Schwermütige, die wieder einkaufen gehen, kochen, Wäsche und Wohnung sauber halten, bauen durch diese Eigenleistung wieder ihr Selbstwertgefühl auf. Dieses Training rehabilitiert besser als Beschäftigungstherapie, da der Betroffene durch Erfolge verstärkt, seine Hilflosigkeit und Mißerfolgsorientierung gestützt durch die Gruppe verlernen kann.

Beschäftigungsgruppen helfen in Heimen, den Tag zu strukturieren, reichen aber allein nicht, um Ältere vor Schwermut zu schützen. Beschäftigungstherapie will bisher abgewehrte Interessen, eigene Kreativität fördern, damit der Schwermütige Alternativen entdeckt, die ihm Spaß machen: hauswirtschaftliche, handwerkliche Tätigkeiten, kreative Hobbies lenken vom Grübeln ab und regen an. Kleine Erfolge stärken sein Selbstwertgefühl. Er beschäftigt sich ohne jeden Leistungsdruck. Die Tätigkeit an sich soll ihm Freude machen, Sinn vermitteln, um ihn für neue Handlungsmöglichkeiten zu motivieren. Ziele der Beschäftigungstherapie sind (Hirsch 1992, 160):

– motorische und sensorische Fähigkeiten zu üben,
– Ausdauer, Flexibilität, Selbständigkeit im Alltag zu verbessern,
– Konzentration, Merkfähigkeit und Gedächtnis zu fördern,
– Kontakte aufzubauen und gestaute Affekte abzuführen,
– Phantasie, Kreativität durch Umgang mit Materialien zu fördern,
– Kompetenzen und Alltagsfertigkeiten zu aktivieren,
– Selbstwerterleben, Lebensfreude und Lebenssinn zu stärken.

Das **„Stationsklima"** in Kleingruppen von 8 bis 10 Heimbewohnern oder Klinikpatienten kann Altersschwermut bessern oder verschlimmern. Eine partnerschaftliche Beziehung zwischen Helfern und depressivem Bewohner, in der er Mitverantwortung übernimmt, bessert die Schwermut. Beide sprechen gleichberechtigt und offen in regelmäßigen Gruppensitzungen Probleme an und können Maßnahmen kritisieren. In Kleingruppen werden Psychotherapie, Gymnastik oder andere Aktivitäten durchgeführt. In täglichen Teambesprechungen werden weitere Behandlungsschritte diskutiert. Das Team der Helfer konfrontiert sich in der Supervision mit eigenen Anteilen. Das Stationsklima mit Gruppenarbeit kommt dem Kontaktbedürfnis einiger Depressiver entgegen, für andere ist die Gruppe zunächst unangenehm, bis sie spüren, wie sehr Kontakte zum Wohlbefinden beitragen. Einige Depressive, die immer kontaktscheu waren und allein lebten, sind nur schwer davon zu überzeugen, daß sie Kontakte brauchen. Diese schützen Einzel-Gespräche vor Rückzug.

4.4.2 Milieutherapie: Sozialökologischer Ansatz

Milieutherapie will das soziale und räumliche Milieu und die Organisation zu Hause oder im Heim gezielt verändern, um Interesse zu fördern, den Gesichtskreis zu erweitern und Kontakte aufzunehmen. Der Schwermütige soll mitentscheiden, mitwirken, z. B. im Zimmer und in seiner Station eine erfreuliche Atmosphäre zu schaffen, z. B. mit mehr Licht, Bildern, Blumen, Duftstoffen, Sitznischen oder mit heller Kleidung und Schmuck. Er soll Speisepläne oder Tagesablauf mitbeeinflussen, Veranstaltungen, Fernsehsendungen, Gottesdienste, Ausgang, Tierhaltung und Urlaub mitplanen und mitgestalten und andere Räume und den Garten mitbenutzen.

Bei Klinikpatienten sollte das Behandlungsteam das Milieu, aus dem der Depressive kommt, einbeziehen und die Wohnung verschönern lassen, wenn die Entlassung einen Rückfall auslösen könnte. Das Milieu motiviert zu Beschäftigung, Mal-, Kunst- und Musiktherapie.

Haustiere können bei Alleinlebenden oder im Heim eine wichtige Hilfe sein. Hunde z. B. bieten Sicherheit, Anhänglichkeit, Zärtlichkeit, Sinn in der Pflege und soziale Begegnung in Spaziergängen.

4.4.3 Begleitung der Angehörigen

Die Helfer berücksichtigen das Gesamtsystem Familie, klären, ob Familienmitglieder durch Vorwürfe die Schwermut verstärken, welche Angehörige gefährdet sind, selbst depressiv zu werden und welche Ressourcen die Familie zur Selbsthilfe hat und welche Hilfe die Familie von Nachbarn, Freunden, Sozialarbeitern annehmen kann. Die Helfer sollten die Familie informieren, daß der Kranke nicht faul oder gefühlskalt, sondern krank und zu bessern ist. Sie können Angehörige zu Co-Therapeuten anleiten, die Schwermut früh zu erkennen. Die Helfer können Angehörigen helfen, den Kranken geduldig anzuhören, zu verstehen und zu akzeptieren, die Antidepressiva-Einnahme zu überwachen, ihn zu kleinen Aufgaben anzuregen, und ihn zu ermutigen, Ärger und Wut zu äußern. Angehörige brauchen Anleitung, nicht die Hilflosigkeit des Schwermütigen mit Zuwendung zu belohnen, sondern seine positiven Aktivitäten. Angehörige sind zu entlasten, wenn sie den Depressiven wegen Suizidgefahr nicht allein lassen dürfen. Bei symbiotischer Beziehung zwischen dem alten Depressiven und der betreuenden Tochter ist

Tabelle 17: Verhaltens-Anregungen für Angehörige (nach Wolfersdorf 1992)

Angehörige sollten	sollten nicht
sich informieren, mit dem Pflegeteam zusammenarbeiten	sich gekränkt zurückziehen
Sorgen, Ängste ernstnehmen	Vorwürfe persönlich nehmen, mit dem Depressiven streiten
Nähe schaffen und Distanz wahren	sich mit dem Kranken identifizieren
einfühlend zu verstehen suchen	ihn therapieren, verändern wollen
wohlwollend gelassen bleiben	übermäßig umsorgen, überfordern
geduldig sein, auch mit sich selbst	trösten: „Es wird schon wieder!"
anregen, Aktivitäten planen und loben	sich entwerten, anstecken lassen
an Kompetenzen anknüpfen	ablehnend, aggressiv reagieren
Suizidgefahr offen ansprechen und stellvertretend hoffen	Suizidgefahr überhören oder mißtrauisch überwachen
selbst Hilfe suchen,	sich selbst überschätzen,
eigenes Leben weiterleben	überfordern

diese in eine geleitete Angehörigengruppe zu vermitteln, damit sie zur filialen Reife, zu eigenen Bedürfnissen ohne Schuldgefühle steht.

Pflegende Angehörige sind zu entlasten, da sie oft gefährdet sind, selbst schwermütig zu werden.

Emotionale Entlastung: Sie brauchen Wertschätzung (Validation), Krisenbegleitung, Durchbrechen der Isolation und Beratung, z. B. durch Hausarzt, ambulante Pflegedienste und durch Selbsthilfegruppen: Diese Gesprächsgruppen

– motivieren zu realisierbaren täglichen Aktivitäten,
– informieren über Krankheit und Nebenwirkungen der Antidepressiva,
– helfen, sich auszusprechen, daß sie sich schämen, Versagen fürchten, daß sie bei Kränkungen aggressiv reagieren, selbst Lob brauchen,
– ermutigen zu empathischer Rollendistanz, zu Abgrenzung, zu filialer Reife (daß die pflegende Tochter der depressiven Mutter ohne

Schuldgefühle Grenzen setzen muß), motivieren, dem Kranken als Co-Therapeut Zeit, Zuwendung und Zärtlichkeit zu gewähren und ermutigen, für eigenes Wohlbefinden zu sorgen,
- werden zu Kraftquellen, depressionsfördernde Spannungen von Schuld frei zu sprechen und sich zu solidarisieren,
- helfen, Hinweise auf Rückfälle früh zu erkennen.

Wohnortnahe, niederschwellige Entlastung

- Zeitliche Entlastung im familiären Pflegeteam, durch Stundenbetreuung mit Nachbarn oder Ehrenamtlichen, durch Tages-, Nacht-, Wochenend- und Kurzzeitpflege, z. B. bei Suizidgefahr,
- Fachliche Entlastung durch Kriseninterventionszentren, Therapie-Angebote, Beratungsbüros, auch durch Krankengymnastik,
- Körperliche Entlastung durch Haushaltshilfen, Mahlzeiten- und Fahrtendienste,
- Soziale Entlastung durch Telefonketten und Besuchsdienste,
- Technische Hilfen mit Hausnotruf und evtl. mit Hilfsmitteln,
- Rechtliche Klärung einer Betreuung, von Testier-, Geschäfts- und Schuldfähigkeit, z. B. bei Manie, und der finanziellen Ansprüche an Pflegekasse und Sozialamt,
- Öffentliche Hilfen durch Zusammenarbeit mit Haus- und Fachärzten, mit ASD und Krankenhaussozialdienst, mit vernetzten ambulanten und stationären Altenhilfeeinrichtungen, mit einem gerontopsychiatrischen Zentrum und einer Hospizeinrichtung.

Buijssen (1997) gab paradoxe Anleitungen zu unbefriedigender Pflege, die Angehörige depressiv machen kann:

- Machen Sie alles allein!
- Sie müssen immer, auch nachts bereit sein!
- Verwöhnen Sie den Kranken!
- Weisen Sie alle Informationen zurück!
- Verzichten Sie auf Kontakte und eigene Hobbies!
- Sagen Sie nie, was Sie selbst möchten!

Hilfen für depressionsgefährdete Angehörige von Heimbewohnern: Angehörige bleiben für den Heimbewohner die wichtigste emotionale Stütze. $1/3$ der Angehörigen distanzieren sich, $1/3$ helfen mit in der Grundpflege, $1/3$ delegieren alle Aufgaben ans Heim als Hotel mit ho-

hen Ansprüchen („wir zahlen doch genug") und mit Kritik an den Mitarbeitern oder gestalten die Betreuung mit:
- sie erhalten die Beziehung durch regelmäßige Besuche,
- sie helfen in Krisen, d. h. beim Einzug, bei Konflikten, bei Krankheit, beim Essen, Waschen, Einreiben oder Spazierengehen,
- sie entscheiden mit, wann und in welches Heim der Kranke kommt,
- sie richten das Zimmer mit ein und geben Orientierungshilfen,
- sie regeln die Finanzen und erledigen Besorgungen,
- sie informieren über die Biographie, über Rituale, Gewohnheiten,
- sie geben Zeit, Zuwendung, Zärtlichkeit und begleiten im Sterben.

Einige Heime empfinden Angehörigen-Arbeit noch als zusätzliche Belastung, weil Angehörige
- in der Beziehung zu den Pflegenden gespannt sind,
- alles besser wissen und hohe Ansprüche im Sinne bemutternder Pflege stellen, weil sie wie die Pflegeversicherung körperliche Versorgung für wichtiger halten als emotionale Betreuung,
- sich einmischen, Vorwürfe machen, sich beschweren,
- den eigenen Angehörigen zum wichtigsten Bewohner erklären,
- sich aus der emotionalen Betreuung zurückziehen, selten besuchen,
- sich unverstanden fühlen, weil sie sich wegen der psychischen Krankheit schämen und weil sie Kritik fürchten, etwas falsch gemacht zu haben, oder daß Beziehungsprobleme und Gewalt bekanntwerden könnten,
- wenig kooperieren bei Eifersucht gegenüber den Pflegenden,
- Mängel, z. B. mangelhafte Strukturqualität, anprangern.

Wenn eine Frau ihren pflegebedürftigen Partner ins Heim bringt, fühlt sie sich wie eine Quasi-Witwe und wird depressiv, wenn sie in der Trauer nicht begleitet wird. Angehörigenarbeit im Heim ist prozeßorientiert, d. h., berücksichtigt den depressionsfördernden *Abschieds- und Trauerprozeß*.

Folgende Hilfen für Angehörige von Heimbewohnern sind möglich:
- Die Heimaufnahme ist mit Hausbesuchen vorzubereiten.
- Einzelgespräche mit den Angehörigen bei der Aufnahme und alle 2–3 Wochen regelmäßig unter vier Augen und nicht zwischen Tür und Angel können Biographie und Ängste ansprechen.

- Angehörige brauchen ein rooming-in, um in Krisen wie Verschlechterung oder im Sterben schnell verfügbar zu sein.
- Gesprächsgruppen für Angehörige werden nur von ⅓ genutzt, obwohl sie zum Freispruch von Schuld und zur Mitarbeit ermutigen.
- In regelmäßiger Öffentlichkeitsarbeit kann das Heimkonzept, Aktivierung und Personalmangel aus Kostengründen dargestellt werden.
- Ein Angehörigenbeirat spricht bei wichtigen Entscheidungen mit.
- Eine Cafeteria für alle Besucher verhindert Isolation.
- Angehörige dürfen abends besuchen, um z. B. einzureiben.
- Beratungssprechstunden helfen noch pflegenden Angehörigen.
- Zufriedenheitsfragebögen dienen der Qualitätssicherung.
- Trauergruppen unterstützen trauernde Hinterbliebene.

Angehörigenarbeit leisten ¼ der Heime mit überwiegend positiven Erfolgen (Kremer-Preiss 1996): Bewohner werden ausgeglichener, aktiver, Angehörige kooperativer und konstruktiver und Mitarbeiter arbeitszufriedener in Bezugspersonenpflege, d. h., alle seltener depressiv.

Familienpflege: In fremden Familien könnten alte Depressive betreut werden, wenn deren Angehörige zur Auslösung und Verschlimmerung der Schwermut wesentlich beigetragen haben und zu einer Familientherapie nicht bereit waren.

Betreutes Wohnen und Wohngemeinschaften Älterer sollten mehr gefördert werden, um auch Schwermütige mit bestimmten Aufgaben zu integrieren.

4.4.4 Aufgaben der Sozialarbeiter für Depressive

In Einzelhilfe können Sozialarbeiter/innen alte Menschen motivieren, soziale Aufgaben für andere Kranke oder für Behinderte zu übernehmen, um einen Sinn zu finden und sich nicht überflüssig zu fühlen. Soziale Aufgaben beugen einer Altersschwermut wirksam vor. In der Nachbetreuung nach Klinikentlassung können Sozialarbeiter alte Depressive in Freizeit- oder Interessengruppen, in Vereine, Clubs oder in die Gemeinde integrieren, um Zugehörigkeitsgefühl und soziale Kompetenzen zu erhalten, um sich für andere Gruppenmitglieder verantwortlich, d. h. noch gebraucht zu fühlen, oder in Unternehmungen gemeinsam Freude zu erleben. Sie können finanzielle Not, die Armut alter Witwen lindern, d. h. die Heilungsaussichten verbessern, indem sie für inaktive Depressive Leistungen der Pflegeversicherung beantragen, Hilfe nach dem BSHG vermitteln, z. B. Hilfe zur Weiterführung des Haushaltes nach § 70, Eingliederungshilfe für Behinderte nach § 39 oder Hilfe zur Pflege nach §§ 68f. Sie können Hilfen von den Krankenkassen erschließen, z. B. häusliche Krankenpflege nach § 37 SGB V zu Beginn einer schweren Depression, oder häusliche Pflegehilfe nach § 53, oder Urlaubspflege nach § 56 SGB V zur Entlastung der überforderten Angehörigen. Sozialarbeiter können für den Kranken einen Schwerbehinderten-Ausweis beantragen und auf Steuerermäßigung hinweisen. Durch finanzielle Hilfen können sie einem Verarmungswahn bei schwerer Depression vorbeugen.

Selbsthilfegruppen gründen Sozialarbeiter, um Hilfe zur Selbsthilfe, neue Kontakte und Geborgenheit in der Gruppe zu ermöglichen, die Behandlungserfolge zu stabilisieren, Isolation durch Rückzug und erneute Einweisung zu vermeiden. Sie begleiten auch Gruppen für pflegende Angehörige, um sie vor Ansteckung zu schützen.

In Öffentlichkeitsarbeit können Sozialarbeiter/innen sich engagieren, daß die Medien die Lebenserfahrung Älterer mehr anerkennen, damit sie sich trotz nachlassender Kräfte noch lebenswert erleben, sozial kompetent bleiben und nicht aufgrund gesellschaftlicher Vorurteile als abgebaut abgewertet werden.

4.4.5 Wann ist Klinikeinweisung notwendig?

Helfer sollten eine Klinik-, evtl. Zwangseinweisung veranlassen *aus sozialen Gründen:*

- akute Krise, wenn sich die Bezugsperson trennt oder stirbt,
- familiäre Konflikte: der Kranke wird abgewertet, von keinem akzeptiert oder ertragen, erfährt dauernd Vorwürfe,
- der Schwermütige vereinsamt,
- er wird nicht versorgt oder betreut;

aus Krankheitsgründen:

- der Depressive leidet an wahnhafter, psychotischer Depression,
- er sieht die Krankheit nicht ein,

- er leidet unter komplizierenden Begleiterkrankungen, z. B. Alkohol-, Arznei-Sucht oder schwerer Multimorbidität,
- er zieht sich von Angst überwältigt zurück, isoliert sich,
- er ist therapieresistent oder verweigert die Arznei (Noncompliance),
- er versucht Suizide in wiederholten Depressionen,
- er verweigert die Nahrung, droht von Schuldwahn gequält offensichtlich mit Suizid (Selbstgefährdung nach Psych-KG).

Vorteile der Klinikbehandlung: Das Suizidrisiko und Arzneinebenwirkungen sind überwachbar, Infusionen möglich, die Angehörigen entlastet und der Kranke gewinnt Distanz zu ihren Vorwürfen. In Depressionsstationen werden immer Einzelgespräche, Gruppentherapie, Angehörigen-Gespräche oder -Gruppen, Entspannungstherapie, Ergo-, Musik-, Bewegungstherapie, Gymnastik, Freizeitgestaltung und Antidepressiva angeboten. *Nachteile der Klinikbehandlung:* Der Kranke fühlt sich abgeschoben in eine geschlossene Abteilung; hohe Kosten und Hospitalisierung kränken zusätzlich und verstärken die Hilflosigkeit. Stationäre Psychotherapie ist nicht möglich bei Demenz, Aphasie, Schwerhörigkeit, fehlender Lernbereitschaft, bei hohem Krankheitsgewinn und jahrzehntelanger Depression (Bäurle et al. 2000, 22).

4.5 Körperbezogene Behandlung (Somatotherapie)

Die körperbezogene Therapie umfaßt Entspannungs-, Bewegungs-, Pharmakotherapie, internistische Begleitbehandlung, Schlafentzug, Lichttherapie und andere Therapien, die Begleiter kennen sollten.

4.5.1 Entspannungstherapie

Autogenes Training, progressive Muskelentspannung und Atemgymnastik sind nach eigener Erfahrung für alte Schwermütige geeignete Entspannungsverfahren, die die Wahrnehmung des eigenen Körpers verbessern und von Älteren noch gelernt werden. Im Autogenen Training erfährt der Schwermütige in der Wärme und Schwere angenehme Körperempfindungen, in Atemgymnastik erlebt er Atem als Lebensstrom und in der progressiven Muskelentspannung kann er gestaute Aggression abführen.

Wärmetherapie mit Heißluft, Rotlicht oder Mikrowellen löst Muskelverspannungen, befriedigt Geborgenheitswünsche, darf aber nicht Ersatz für mitmenschliche Wärme durch Pflegende werden.

Elektrotherapie mit galvanischem oder faradischem Strom, mit hochfrequenten Mikrowellen und Ultraschall löst Verspannungen und lindert Schmerzen.

Massagen und Einreibungen (mit Wasser-in-Öl-Emulsion) im Atemrhythmus des Depressiven regen die Sinneszellen der Haut an, erhöhen das Wohlfühl- und Lust-Hormon Oxytocin, das Wachstumshormon (das Depressive kaum bilden), stärken das Immunsystem und verbessern die Durchblutung, so daß ein Dekubitus besser heilt, beruhigen Angst und Aggressionen, heben bei Depressiven die Stimmung und verbessern Gedächtnis und Lernfähigkeit. Sie regen die Bildung von Endorphinen an und lindern so Schmerzen und Muskelverkrampfungen und senken Blutdruck, Puls und Cortisol, das bei Depressiven dauernd erhöht ist. Massagen sind als Streicheleinheiten wirksam, die ohne Gewissensbisse zugelassen werden können. Fußreflexzonenmassagen entkrampfen innere Organe.

Hydrotherapie mit Wickeln, Packungen, Kneippen, Sauna, Unterwassermassagen und Bädern fördert Körperempfindung und Durchblutung, lockert die Muskeln und entspannt den Schwermütigen. Luftsprudelbäder regen den Kreislauf an, warme Vollbäder mit Zusätzen von Fichtennadel, Kräutern oder Brombaldrian fördern den Schlaf. Feucht-heiße Bauchkompresse und Kamillensäckchen im Nacken beruhigen.

Musiktherapie: Passive wirkt entspannend und aktive kann helfen, gegen sich selbst gerichtete Aggression nach außen abzuleiten.

4.5.2 Bewegungs- und Beschäftigungstherapie

Der im Antrieb und in der Bewegung gehemmte, verlangsamte Schwermütige, der sich bleischwer wie gelähmt fühlt, braucht mehr Bewegung, weil sonst seine Muskeln schwinden, seine gebeugte Haltung fixiert wird, weil er langsamer reagiert und dadurch unfallgefährdeter wird. Durch Inaktivität werden Herz-Kreislauf, Atmung und Stoffwechsel eingeschränkt. Bewegungstherapie kann mit Spaziergängen, Gesundmarsch, rhythmischen Übungen nach Musik, Seniorentanz, Sport und Bewegungsübungen mit Geräten, z. B. Bällen, Reifen,

Schaukelstuhl usw. in Gruppen durchgeführt werden. Bewegung aktiviert, verbessert die Körperhaltung und die Geschicklichkeit in Alltagsverrichtungen, fördert die Durchblutung des Gehirns, der Muskeln und Gelenke, trainiert den Kreislauf und Koordination, beugt Schwindel vor, verbessert die Wahrnehmung des eigenen Körpers und die Konzentration, verringert Ängste, steigert Selbstsicherheit, Lebensmut, Freude an Aktivitäten und die Fähigkeit, auf andere Menschen zuzugehen. Der Hoffnungslose ist oft schwer zur Bewegung zu motivieren. Er nimmt seinen Körper nur noch wahr, wenn er schmerzt. Helfer brauchen viel Geduld, ihm erlebbar zu machen, daß Bewegung angenehme Empfindungen auslöst. Mit Gehhilfen können Helfer das Gehen fördern und vor Immobilität schützen. Zu Bewegung und Beschäftigung ist der Schwermütige umso eher zu motivieren, je weniger er unter Leistungsdruck steht, je sinnvoller die Tätigkeit an sich für ihn ist, z. B. Mal- oder Kunsttherapie.

4.5.3 Pharmakotherapie mit Antidepressiva

Helfer, besonders Angehörige, tragen Mitverantwortung, weil

- sie den Depressiven um ein Vielfaches besser kennen als der Arzt, der in der Behandlung auf sie angewiesen ist,
- sie die Medikamente verteilen, d. h. sie entscheiden, ob der richtige Kranke das richtige Mittel in der richtigen Dosis, in der richtigen Form und zur richtigen Zeit erhält,
- sie Nebenwirkungen früher beobachten als der Arzt,
- sie sich als Anwalt für den Schwermütigen einsetzen können, wenn er zu gehemmt ist oder Angehörige fehlen,
- sie die vom Kranken heimlich genommenen Mittel oft kennen,
- sie Vielverordnungen beeinflussen, wenn sie z. B. die Unruhe eines agitiert Depressiven nicht mehr ertragen,
- sie oft bei Bedarfs-Verordnungen entscheiden, wann der Schwermütige was, wieviel und wie lange erhält,
- sie oft Zuwendung aus Zeitmangel durch Psychopharmaka ersetzen.

Folgen unbehandelter Depression sind Einschränkung der geistigen Leistungsfähigkeit, Isolation, mehr Kosten durch körperliche Begleitleiden, erhöhte Sterblichkeit und Suizidgefahr.

Regeln für die Behandlung mit Psychopharmaka
- Antidepressiva sind Teil der Gesamtbehandlung.
- Chemische Antidepressiva einschleichen mit niedriger Dosis (start low and go slow), die Dosis langsam steigern bis zur Hälfte der Erwachsenendosis; sie wirken erst nach 3–4 Wochen; alle 4 Wochen Art des Mittels und Dosis überprüfen; wenn nötig vorsichtig ausschleichen.
- Vermeiden: trizyklische Antidepressiva wirken anticholinergisch, Neuroleptika führen zu Parkinson, Benzodiazepine zur Abhängigkeit, Lithium zu Durchfall, Durst und Nierenschäden.
- Antidepressiva helfen, die Dosis von Schmerzmitteln zu reduzieren.
- Die Einnahme überwachen, Nebenwirkungen im Beipackzettel oder in der Roten Liste nachlesen, beobachten und dokumentieren.
- Bei den Nebenwirkungen nicht nur auf psychische, wie z. B. Unruhe, Verwirrtheit, Apathie usw. achten, sondern auch an Störungen von Herz-Kreislauf (z. B. Puls-, Blutdruckveränderung), Essen (Übelkeit, Erbrechen) und Ausscheidung (z. B. Verstopfung) denken!
- Mitarbeiter und Angehörige über die Nebenwirkungen informieren,
- Angaben des Kranken, seiner Angehörigen und anderer Personen ernstnehmen und dem Arzt melden!
- Bei Selbstmedikation mit Schlaf-, Beruhigungs- oder Hustenmitteln auf Suchtgefahr achten!

Folgende Antidepressiva sind z. Z. im Handel (Rote Liste 2000 [= bedeutet chemisch identisch; Handelsnamen sind *kursiv* gesetzt])

1. Trizyklische Antidepressiva (trizyklisch, d. h. Struktur mit drei Benzolringen)
- eher aktivierende:
Clomipramin = *Anafranil* = *Hydiphen*,
Lofepramin = *Gamonil*, Nortriptylin = *Nortrilen*,
Desipramin = *Pertofran* = *Petylyl*, Dibenzepin = *Noveril*
Imipramin = *Tofranil* = *Pryleugan*
- eher dämpfende:
Amitryptilin = *Amineurin* = *Novoprotect* = *Saroten* = *Syneudon*,
Limbatril enthält *Amitryptilin* und *Librium*,
Amitryptilinoxid = *Amioxid* = *Equilibrin*,

127

Doxepin = *Aponal* = *Doneurin* = *Mareen* = *Sinquan*,
Trimipramin = *Stangyl* = *Herphonal*; Opipramol = *Insidon*

2. Tetrazyklische Antidepressiva
- eher dämpfend:
  Maprotilin = *Aneural* = *Deprilept* = *Ludiomil* = *Maprolu* = *Mirpan* = *Psymion*, *Mianserin* = *Mianeurin* = *Prisma* = *Tolvin*

3. Antidepressiva mit abweichender Struktur:
- eher aktivierend:
  Viloxazin = *Vivalan*
- eher dämpfend:
  Trazodon = *Thombran*, Nefazodon = *Nefadar*

4. Serotonin-selektive-Rückaufnahme-Inhibitoren (Hemmer) SSRI
- eher aktivierend:
  Fluoxetin = *Fluctin* = *Fluneurin* = *Fluoxemerck* = *Fluxet*,
  Fluvoxamin = *Desiflu* = *Fevarin* = *Fluvoxadura*,
  Citalopram = *Cipramil* = *Sepram*, Sertralin = *Gladem* = *Zoloft*,
  Paroxetin = *Seroxat* = *Tagonis*

5. n-Adrenalin-selektive-Rückaufnahme-Inhibitoren, NARI
- eher aktivierend:
  Reboxetin = *Edronax*

6. Selektive Serotonin-n-Adrenalin-Rückaufnahme-Inhibitoren
- eher aktivierend:
  Venlafaxin = *Trevilor*, Mirtazapin = *Remergil*

7. MAO-Hemmer
- aktivierend:
  Moclobemid = *Aurorix*, Tranylcypromin = *Jatrosom N* (verträgt sich nicht mit Käse)

8. Serotonin-Vorläufer
  Tryptophan = *Ardeytropin* = *Kalma*

9. Vorbeugend wirksam bei bipolarer affektiver Störung
Lithium = Hypnorex = leukominerase = Li 450 = Quilonum,
oder bei Manie zur Behandlung Carbamazepin (z. B. *Tegretal*)
und zur Vorbeugung Valproinsäure (z. B. *Ergenyl*)

10. Pflanzliche
Johanniskraut wie *Esbericum, Felis, Hyperforat, Hypericum, Jarsin, Remotiv, Psychotonin, Texx 300*.
Kava-Kava-Wurzelstock bei Angst und Depression: *Aigin, Antares, Kavasedon, Kavatino, Laitan, Limbao, Maoni*.

11. Homöopathische Mittel und Bachblüten
werden in der Wirksamkeit unterschiedlich bewertet.

Nebenwirkungen der Antidepressiva sollten Helfer kennen:

1. Trizyklische Antidepressiva haben für Ältere gefährliche anticholinergische Nebenwirkungen:
– Erhöhung des Augeninnendruckes bis zum Glaukom (grüner Star) mit verschwommenem Sehen,
– trockener Mund und Verstopfung mit Ileusgefahr bei Überdosis,
– Harnverhalt bei BPH (benigne Prostata-Hypertrophie),
– Delir (akute Verwirrtheit) mit Unruhe und Gedächtnisstörung,
– Sedierung mit der Gefahr zu stürzen oder immobil zu werden,
– vegetative Störungen wie Zittern, Schwitzen oder Unruhe,
– Tachyarrhythmie (schneller unregelmäßiger Puls) mit Gefahr des Herz-Kreislaufversagens, Verstärkung einer Herzschwäche,
– Gewichtszunahme, veränderte Glucosetoleranz, Abnahme von Libido und Potenz und allergisches Ekzem.

Trizyklische Antidepressiva *dürfen nicht gegeben werden* bei Alzheimer (Acetylcholinmangel), Delir, Glaukom, Prostatavergrößerung, Herz-, Blutbild- und Leberschäden.

2. Die tetrazyklischen Antidepressiva und die mit abweichender Struktur haben eine geringere anticholinergische Nebenwirkung.

3. Die Serotonin- und n-Adrenalin-Rückaufnahme-Hemmer haben im Vergleich zu trizyklischen Antidepressiva geringe Nebenwirkungen:

Schwitzen, Kopfschmerzen, Zittern, Schwächegefühl, trockener Mund, Übelkeit, Verstopfung, Müdigkeit, Schlafstörungen und selten allergisches Ekzem. Sie haben keine anticholinergische und keine Herz-Kreislauf-Nebenwirkungen. Wegen der guten Verträglichkeit werden für Ältere Cipramil oder Zoloft empfohlen, weil sie die geistige Leistung bessern und vor Suizid schützen.

4. Der MAO-Hemmer Aurorix kann zu Schlafstörungen, Angst, Unruhe führen, selten zu Verwirrtheit, Kopfschmerzen, Schwindel, Übelkeit und trockenem Mund. Jatrosom verträgt sich nicht mit tyraminhaltigen Speisen (Käse) und darf Älteren nicht verordnet werden.

5. Lithium hat folgende Nebenwirkungen: Nieren- und Schilddrüsen-Schädigung, Hautausschläge, Muskelschwäche, Zittern, Krampfanfälle, Durst, EKG-Veränderungen und Delir. Lithium zur Vorbeugung bipolarer affektiver Störung ist bei Älteren nur einzusetzen, wenn Störungen von Niere und Schilddrüse ausgeschlossen und der Lithiumspiegel monatlich kontrolliert wird. Wenn statt Lithium Tegretal gegeben wird, sind Nebenwirkungen möglich wie Herzrhythmusstörungen, Verwirrtheit, Unruhe, Schwindel und Allergie.

6. Johanniskraut wirkt nach 4–5 Wochen, kann Lichtüberempfindlichkeit bei hellhäutigen Personen, selten zu Schwindel führen. Bei leichten bis mittelschweren Depressionen hellt Johanniskraut-Gesamtextrakt in 70 % der Fälle die Stimmung auf, wenn die Therapie über Monate in der Dosis von 600 bis 900 mg täglich durchgeführt wird.
Bei Unwirksamkeit werden Aurorix oder Cipramil empfohlen. Johanniskraut vermindert die Wirkung von trizyklischen Antidepressiva, Digoxin und Marcumar. Haldol und Sulpirid (Dogmatil) heben die Johanniskrautwirkung auf.

Dauer der Antidepressiva-Behandlung: mindestens ½ Jahr, bei chronifizierten Depressionen lebenslänglich.

Wechselwirkungen mit anderen Medikamenten Antidepressiva werden abgeschwächt durch Nikotin, Antacida, und Butazolidin und in der Sedierung verstärkt durch Blutdrucksenker, Benzodiazepine, Neuroleptika, Antihistaminica und Alkohol.

Trizyklische Antidepressiva werden verstärkt durch Anticholinergica wie trizyklische Neuroleptica (z. B. Atosil, Neurocil), Antiparkinsonmittel, Atropin und Spasmolytica mit der Gefahr von Delir, Glaukomanfall, Blasen- und Darmatonie (Ileus) und Harnverhalt sowie durch Antikoagulantien mit der Gefahr einer Blutungsneigung.

Die neueren Serotonin- und n-Adrenalin-Rückaufnahme-Hemmer dürfen nicht mit Aurorix kombiniert werden wegen der Gefahr von Blutdruckkrisen. Wenn von der einen auf die andere Gruppe umgestellt wird, ist eine mehrtägige Pause einzulegen. Serotonin-Rückaufnahme-Hemmer mit Neuroleptika lösen Delir aus. Wenn nach 4–6 Wochen die Stimmung noch nicht aufgehellt ist, wird das Antidepressivum gewechselt. Manchmal ist auch bei Älteren eine Antidepressiva-Infusion erforderlich.

Suizidgefahr: In 1. bis 5. Woche nach Therapiebeginn ist die Suizidgefahr erhöht, weil der Antrieb gesteigert, die verzweifelte Stimmung erst nach 3–5 Wochen aufgehellt wird, so daß der Depressive jetzt die Energie aufbringt, Hand an sich zu legen. Da trizyklische Antidepressiva eine stärkere Wirkung als nicht-trizyklische haben, ist das Risiko, daß sie in suizidaler Absicht zur Vergiftung mißbraucht werden, hoch. Bei akuter Suizidgefahr kann das Neuroleptikum Risperdal zu dämpfenden Antidepressiva hinzugefügt werden.

Schlafstörungen bei Depressiven: Wachphasen sind häufiger und länger, Schlaftiefe ist geringer, REM- (Traum-)Phasen treten nach dem Einschlafen auf und Cortisol ist nachts erhöht. Das Einschlafen ist mit ermüdender Beschäftigung, Gehen, Entspannung, Gesprächen, Massagen, Einreibungen oder Packungen zu fördern.

Bei Schlaflosigkeit und innerer Unruhe sind Tryptophan und pflanzliche Mittel besser als Benzodiazepine, weil keine Wechsel- und selten Nebenwirkungen zu erwarten sind. Wenn pflanzliche Mittel nicht ausreichen, sind Oxazepam oder Dipiperon für 3–4 Wochen möglich. Beide tragen zu Sturzgefahr und Denkstörungen bei.

4.5.4 Schlafentzug, Wachtherapie

Für Ältere ist ein partieller, selektiver Schlafentzug (der Depressive wird in der zweiten Nachthälfte 2 × wöchentlich beschäftigt) geeignet, um Stimmung, Antrieb und Denken schnell zu bessern. Er darf erst am Abend nach der Entzugsnacht schlafen und wird am Einnicken gehindert. Wenn die Behandlung mindestens sechsmal durchgeführt und Antidepressiva gegeben werden, schwinden depressive Symptome kurz, tauchen aber am zweiten Tag wieder auf. Schlafentzug hilft bei unipolarer Depression mit Morgentief die Zeit zu überbrücken, bis die Antidepressiva ihre stimmungsaufhellende Wirkung voll entfalten. Nebenwirkungen sind Müdigkeit am Nachtag und Umschlag in eine Manie bei bipolarer affektiver Störung.

4.5.5 Lichttherapie

Sie wird bei saisonal abhängiger Depression (SAD) eingesetzt. Der Depressive wird wochenlang täglich vor- und nachmittags je 1–2 Stunden unter der Beleuchtung einer 5000 Lux starken Speziallampe beschäftigt und soll 1 × pro Minute in die etwa 1 m entfernte Lichtquelle schauen. Wenn er gleichzeitig Antidepressiva erhält, wird die dunkle Stimmung bei ²/₃ schon nach 4 Tagen aufgehellt, besser als bei ausschließlicher Therapie mit Antidepressiva.

4.5.6 Elektrokrampftherapie (EKT) (Hirsch 1992, 178)

Wenn verschiedene Antidepressiva unverträglich sind oder nicht wirken, der Depressive einen unbeeinflußbaren nihilistischen Wahn oder einen Stupor hat, bleibt die EKT als letzte lebensrettende Möglichkeit, bevor ein Suizid in Kauf genommen wird. Für 1–9 Sekunden wird Wechselstrom (100 V, 150 mA) durch den Kopf des narkotisierten Kranken geleitet. Der ausgelöste, aber unterdrückte epileptische Krampfanfall ist in 80 % bei psychotischer Depression mit Suizidgefahr erfolgreich. In 30 % treten Gedächtnis-, Reaktions-, Geschicklichkeits- und Herzrhythmusstörungen und Blutdruckschwankungen auf. EKT wird nicht angewandt bei organischen Hirnschäden, koronarer Herzkrankheit, Herzfehlern und schweren körperlichen Leiden Älterer.

4.5.7 Andere Therapien

– *Diät:* Tryptophanreich (Tryptophan ist Vorstufe von Serotonin) sind Sojabohnen, Emmentaler, Edamer und Tilsiter Käse, auch Weizenkeime, Makrele, Lachs, Erdnüsse und Datteln. Hafer wirkt antidepressiv durch Tryptophan- und Vitamin-B-Gehalt („den sticht der Hafer"). Kohlehydratreiche Kost (Schokolade) bevorzugen Schwermütige wegen der entspannenden Wirkung. Zuviel Eiweiß kann Schwermut verstärken. Wichtig ist, viel zu trinken, weil Austrocknung die Stimmung senkt.

- *Transkranielle Magnetstimulation* (TMS) des Gehirns beeinflußt Nervenzellen, hat keine Nebenwirkungen und kann Zukunft haben.
- *Akupunktur und Akupressur:* Die Mitte des Kinns oder das Ende des Brustbeins oder die Außenseite der Wade werden 10 Minuten kräftig 4× täglich gedrückt, so kann sich die depressive Stimmung etwas bessern.
- *Aromastoffe* wie Basilikum, Bergamotte, Jasmin, Lavendel, Melisse, Orangenblüte, Rose, Patschuli, Sandelholz oder Ylang können dazu beitragen, die Stimmung aufzuhellen.

4.5.8 Internistische Begleitbehandlung

Ältere Depressive suchen mit körperlichen Beschwerden (larvierte Depression) den Hausarzt auf, der die Multimorbidität behandelt. Nach der Berliner Altersstudie erhält nur $1/10$ der alten Depressiven eine depressionsspezifische Behandlung. Wenn Diabetes und Hypertonie gut eingestellt sind, wird Schwermut besser. Östrogene helfen depressiven Frauen im Klimakterium und Vitamin B ist bei Hochbetagten oft wirksam.

4.5.9 Warum widersetzen sich Ältere einer Hilfe?

Ältere lehnen manchmal eine Therapie ab aus Mißverständnissen: Depression sei keine schwere Krankheit, sondern nur ein vorübergehendes, psychisches Altersproblem; sie haben Angst vor Nebenwirkungen. Die Compliance (d.h. wie der Patient mit dem Arzt zusammenarbeitet) ist oft erschwert, weil Ältere schlecht sehen und hören, sie sich die Anordnung des Arztes nicht mehr merken können, weil sie in der Feinmotorik (z.B. halbe Tablette) behindert sind oder Schluckbeschwerden, z.B. für Kapseln haben.

4.6 Rehabilitation alter Depressiver

Auch schwer depressive Ältere haben ein Recht auf Rehabilitation. Sie versucht, Folgen der Depression zu reduzieren, so daß ein Leben im gewohnten Umfeld wieder möglich wird. Mit ICIDH (International Classification of Impairment, Disabilities and Handicaps) wird der Komplex Schädigung der körperlichen Integrität (impairment), Fähigkeitsstörungen in alltäglichen Aktivitäten (disability) und Beeinträchtigung der sozialen Kontakte (handicap) differenziert, um Pflegebedüftigkeit zu verzögern, nach dem Grundsatz Reha vor Pflege.

Ein *gerontopsychiatrisches Assessment* beurteilt Ressourcen, Probleme, Kontextfaktoren (Biographie, Familie, häusliches Umfeld, soziale Einbindung), Reaktivierungsmöglichkeiten und plant mit den Angehörigen Behandlung und Reha. Rehabilitation von älteren Depressiven hat sich gewandelt:

– von Altersnormen zu individuellen Altersformen,
– von „die Alten" zur Differenzierung nach Lebenslage und Schicht,
– von „wear and tear" (Verschleiß und Tränen) zu Wohlbefinden,
– von Defiziten zu noch vorhandenen Kompetenzen,
– von medizinischer zu kontextabhängiger Reha,
– von der Klinik zu Reha in Familie oder betreutem Wohnen,
– von Besserung zur Lebensbewältigung trotz Einschränkungen,
– von der Vereinzelung zur sozial-integrativen Reha,
– von Patientenorientierung zur Einbeziehung der Angehörigen,
– von Angebots- zu Nachfrage-Orientierung,
– von Versorgung zu bedürfnisorientierter Beziehungspflege,
– von stationärer zu vernetzter mobiler ambulanter Betreuung.

Bisher fehlen die strukturellen Voraussetzungen, um ambulanter Reha vor einer stationären den Vorrang zu geben; sie scheitert noch an Fragen wie „Was kostet das?", „Wer bezahlt es?". Der Reha-Erfolg hängt nicht nur von der Schwere der Depression und der Krankheitsbewältigung des Kranken ab, sondern vom Optimismus des Behandlungsteams und der Helfer, von der Mitarbeit der Angehörigen, von sozialen Ressourcen und Nachsorge.

Rehabilitative, aktivierende Pflege: Sie setzt nicht an den Defiziten an, sondern an den Restkompetenzen, um in der natürlichen Lebenswelt

Chronifizierung, Rückfälle, Suizid zu verhindern. Der Wiedereingliederungsprozeß erfolgt in kleinen Schritten nach dem Selbsthilfeprinzip. Kompensatorische Hilfen sind nötig, weil Aktivitäten und soziale Integration bei Altersdepressiven eingeengt sind.

Beispiele rehabilitativer Pflege in den Aktivitäten des täglichen Lebens (ATL)

– Sich pflegen: Wenn sich der Kranke in der Körperpflege vernachlässigt, halten ihn Pflegende zur Selbstpflege an, um den Körper wieder angenehm zu erfahren und das Selbstwertgefühl aufzurichten, z. B. mit Waschritualen, parfümierten Seifen, Cremes und Frisur.
– Essen und Trinken: Pflegeplanung in kleinsten Schritten kann den Depressiven motivieren, die Nahrung wieder selbst zuzubereiten. Er wird gelobt, wenn er sich die Schnitte allein schmiert. Ausreichendes Trinken (wegen des trockenen Mundes) der Lieblingsgetränke hebt die Stimmung. Pflegende beachten bisherige Eßgewohnheiten. Sofort eine Sonde zu verabreichen, wenn er nicht ißt, ist Gewalt in der Pflege.
– Ausscheiden: Schlackenreiche Kost, viel Bewegung und viel Trinken verhindern Verstopfung, z. B. durch trizyklische Antidepressiva. Pflegende beachten Scham und Ausscheidungsgewohnheiten, enttabuisieren Inkontinenz und informieren über Hilfen, weil Schwermütige oft unter Schuldgefühlen leiden und sich selbst aufgeben, wenn sie inkontinent werden. Sie pflegen sorgfältig die Haut und beugen der Inkontinenz vor mit Geh- und Ausziehtraining, leicht zu öffnender Kleidung und Verkürzung des Weges zur Toilette.
– Sich kleiden: Pflegende trainieren mit dem Depressiven Aus- und Anziehen und Wäschewechsel mit frisch duftender Wäsche und sorgen für helle, farbenfrohe Kleidung, da ältere depressive Frauen dunkle Kleidung bevorzugen. Sie brauchen warme Kleider, weil sie leicht frieren.
– Sich als Frau oder Mann fühlen und verhalten: Pflegende erhalten die Rollenidentität mit Frisur oder Schmuck, respektieren das Schamgefühl beim Waschen, Baden, bei der Intimpflege und beim Kontinenztraining und machen Bedürfnisse nach Zärtlichkeit, Erotik und Sexualität, z. B. bei Selbstbefriedigung, nicht lächerlich, um sie/ihn vor weiteren Schuldgefühlen zu schützen.

- Für sichere Umgebung sorgen: Pflegende halten Absprachen verläßlich ein, sorgen für regelmäßige Antidepressiva-Einnahme und teilen dem Arzt Nebenwirkungen mit. Mit mehr Licht erhellen sie die Umgebung und verhindern als Unfälle getarnte Suizidversuche, indem sie Elektrogeräte und Treppen sichern. Sie bemühen sich um eine freundliche Atmosphäre, z. B. mit Zimmerschmuck oder Blumen.
- Soziale Bereiche des Lebens sichern: Pflegende sorgen für eine konstante Bezugsperson, ohne ihn von sich abhängig und damit hilfloser zu machen. Sie hören ihm zu, fühlen sich ein und akzeptieren ihn vorbehaltlos. Sie bleiben echt und wahrhaftig, führen ihn konsequent, besonders wenn er sich zu gefährden droht, besuchen ihn verläßlich und integrieren ihn in Sympathie-Gruppen. Sie hoffen stellvertretend: „Ich hoffe für Sie!". Sie sorgen für Krisenintervention bei Suizidgefahr und beziehen die Angehörigen mit ein, um sie vor Ansteckung zu schützen. Sie beachten im Pflegeprozeß die wechselseitigen Interaktionen in der Dreiecksbeziehung und -Spannung Depressiver, Angehörige und Pflegende.

5 Selbsthilfe in Schwermut, Hoffnungs- und Sinnlosigkeit

Ohne Selbsthilfe bleibt ein Therapie-Erfolg aus. Bei schwer Depressiven stehen zunächst Antidepressiva und Psychotherapie im Vordergrund. Den meisten Depressiven helfen verständnisvolle Gespräche, Wissen um die Hintergründe der Schwermut, erfreuliche Aktivitäten, Weinen, Aufschreiben der Gefühle und folgende Hinweise:

- Versuchen Sie realistisch positiv zu denken, Grübeln zu stoppen, verzerrtes Denken, Selbstzweifel und Perfektionismus abzubauen!
- Entspannen und bewegen Sie sich regelmäßig!
- Fördern Sie Ihre Kompetenzen statt Ihre Symptome! Zerlegen Sie Ihre Aufgaben in kleine Abschnitte und versuchen Sie diese nach und nach zu bewältigen! Was ist wirklich wichtig?
- Nehmen Sie alte Aktivitäten wieder auf, die Ihnen Spaß machen! Loben Sie sich und belohnen Sie sich für kleine Erfolge statt sich zu vergleichen! Akzeptieren Sie Ihre Schwächen statt sich zu schämen!
- Versuchen Sie, Kontakte zu halten, bleiben Sie nur kurz allein! Klären Sie die Beziehung statt die Sache und suchen Sie Kontakt zur Person statt zum Problem!
- Schieben Sie wichtige Entscheidungen auf!
- Akzeptieren Sie, daß eine Besserung Zeit braucht!

Beck (1994) formulierte folgende *Merksätze:* „Ich brauche nicht
- in allem Erfolg zu haben und zu glücklich sein,
- von allen geliebt und akzeptiert zu werden,
- der Beste, fehlerlos, perfekt oder vollkommen zu sein,
- stets rücksichtsvoll oder selbstlos zu sein,
- jede Strapaze gelassen zu ertragen und stets fit zu sein,
- jedes Problem vorauszusehen und eine Lösung zu finden.

Gegen Schwermut gibt es keine Patentrezepte, für einige mögen sie hilfreich sein, für andere ungeeignet, weil sie sich nicht verstanden fühlen.

Selbsthilfegruppen: Schwermütige meiden Selbsthilfegruppen, weil sie sich eher zurückziehen, nicht über sich reden wollen, um anderen nicht auf die Nerven zu gehen. Manche Ärzte fürchten, spezielle Verordnungswünsche erfüllen zu müssen oder Patienten zu verlieren.

Selbsthilfe-Möglichkeiten nach Gilbert (1999, 287–291): Erkennen Sie Gedankenstile, mit denen Sie sich selbst angreifen:

– Übermäßige Verallgemeinerung: Sie betrachten ein einzelnes negatives Ereignis als immer wiederkehrendes Muster von Niederlagen.
– Selbstkritik: Sie äußern ständig negative Meinung über sich selbst und konzentrieren sich auf das, was Sie falsch machen.
– Persönlich-Nehmen: Sie nehmen automatisch an, daß Sie im Unrecht oder für Negatives verantwortlich und zu tadeln sind.
– Selbst-Etikettierung: Sie halten sich für einen Versager, seien nutzlos, unzulänglich, wertlos, schwach usw.
– Selbst-Verurteilung: Sie denken, wenn Ihr Verhalten nicht gut sei, dann seien Sie als Person nicht gut.
– Selbsthaß: Sie glauben, schlecht, böse oder widerlich zu sein.
– Angriffe auf sich selbst: Sie richten Ihre Wut gegen sich selbst.
– Vergleiche mit anderen: Fragen Sie sich, ob Ihnen Neid hilft.

Sobald Sie depressiv-machende Gedanken erkannt haben, stellen Sie diese infrage und überlegen Sie sich:

– Was würde ich einem Freund in derselben Situation sagen?
– Was sollte jemand, der mich mag, sagen, um mich zu ermutigen?
– Habe ich berücksichtigt, daß ich in der Depression schwarz sehe?
– Wie würde ich das sehen, wenn ich nicht depressiv wäre?
– Wie könnte ich rational und einfühlsam darüber nachdenken?
– Habe ich versucht, dies aus anderem Blickwinkel zu sehen?
– Welche Fakten sprechen gegen meine negative Ansicht?
– Lasse ich dem inneren Tyrannen („Ich muß, sollte, hätte doch ...") zuviel durchgehen?
– Welche Vor- oder Nachteile habe ich davon, so zu denken?
– Habe ich versucht, etwas zu ändern? Muß es schlecht ausgehen?

Gilbert schlägt folgende *Merkkarten* für alternative Gedanken bei verzerrtem Denken vor:

„Ich bin schwach, weil ich depressiv bin". Depression ist eine von vielen Empfindungsmöglichkeiten, kann jeden treffen, ist keine Schwäche, sondern Erschöpfung. Wenn ich sie besser verstehe, kann ich sie rational-mitfühlend überwinden.

„Wenn ich ein Antidepressivum brauche, bin ich schwach". Wenn ein Antidepressivum mir hilft, kann ich meine Depression überwinden wie viele andere. Ich muß nicht ohne auskommen.

„In Therapie muß ich Wut und Scham offen legen". Jemandem Wut und Scham anzuvertrauen kann peinlich sein. Der Therapeut kann mich nicht dazu zwingen und wird nicht auf mich herabblicken, wenn ich etwas sage, dessen ich mich schäme. Je mehr ich mich stelle, umso besser lerne ich mich kennen.

„Ich kann nicht mehr soviel tun wie früher, bin ein Versager". Wenn ich nicht mehr soviel kann, einiges kann ich noch tun. Dafür kann ich mich loben, statt mich anzugreifen für das, was ich nicht tue. Indem ich mich für kleine Schritte lobe, komme ich voran.

„Ich bin wertlos". Mich auf den einfachen Nenner gut/schlecht zu bringen, ist Alles-oder-Nichts-Denken. Nur weil ich mich wertlos fühle, bin ich es nicht. Wertlos sind Dinge, nicht Personen.

„Ich bin voller Wut, dann muß ich schlecht sein". Alle können wütend sein, wenn sie verletzt sind. Wut bedeutet, daß ich mich wehren oder ändern will. Wutanfälle sind nicht hilfreich. Ich kann meine Wut verstehen lernen, statt sie zu unterdrücken und mich als schlecht zu etikettieren.

„Ich bin nicht so fähig wie andere, deshalb ein Versager". Nur weil andere fähiger wirken als ich, bin ich kein Versager. Ich darf durchschnittlich sein. Ich kann mich auf das konzentrieren, was für mich wichtig ist, nicht auf das, was andere tun.

„Nichts ist so gut, wie ich es haben will". Mich anzugreifen, wenn ich enttäuscht bin, entspricht dem Alles-oder-Nichts-Denken. Ich kann mich auf das konzentrieren, was mir Aktivitäten bringen, und nicht darauf, was ich erwartet habe.

„Mir wird es nie wieder besser gehen". Ich muß nicht leiden, kann mir Antidepressiva und Psychotherapie verordnen lassen. Selbst wenn ich früher einmal depressiv war, werde ich nicht immer depressiv sein.

Wenn Perfektionismus zur Qual wird, kann ich mich von zu hohen Ansprüchen befreien (Basco 2000, 297–299, 306).

Nicht nur Depressive sollten sich folgende Fragen stellen:

- Weshalb muß ich perfekt sein?
- Muß ich wirklich perfekt sein, um mein Ziel zu erreichen?
- Ich bin nicht immer perfekt, na und?
- Wer hat das Recht zu sagen, daß ich perfekt sein muß?
- Muß ich in allen Dingen perfekt sein?
- Wann ist „gut genug" ein vernünftiger Maßstab?
- Bin ich wirklich schlampig oder nörgle ich nur an mir herum?

Der Drang, keinen Fehler zu machen, löst Selbstwertmangel aus. Perfektionistische Denkmuster kann ich neu fassen, umbewerten: Ich muß Aufgaben so gut wie möglich erledigen. Es ist angenehm, anerkannt zu werden; ich will Anerkennung für das, was ich bin, nicht für das, was ich tue. Die anderen sollen mich nehmen, wie ich bin, und nicht, weil ich etwas perfekt leiste. Es gibt viele Arten, Dinge richtig zu machen; ich überschätze die Perfektion. Ich darf verlegen sein. Jeder macht Fehler, ich darf es auch. Ich kann meine Schwächen akzeptieren. Wenn ich mit mir selbst zufrieden bin, finde ich meinen inneren Frieden. Mein Wert hängt nicht von der Meinung anderer ab, sondern von meiner eigenen. Wenn ich Fehler mache, bin ich nicht wertlos. Ich kann ohne die Zustimmung anderer leben, aber meine eigene ist wichtig. Am wichtigsten ist das, was ich von mir halte. Obwohl ich mein Bestes tue, kann es schief gehen, weil es unbeeinflußbare Dinge gibt. Ich habe schon vieles perfekt gemacht, ohne daß jemand es bemerkt hätte. Das hat mir weh getan, weil mir die Meinung anderer zu wichtig war. Wenn ich nicht alles perfekt mache, bin ich kein Versager. Vielleicht entwickeln sich die Dinge nicht so, wie ich will, aber komplett versagen kann ich nicht. Es ist möglich, Sachen perfekt zu machen, kostet aber meist viel Zeit und Mühe. Manchmal ist es das wert und manchmal nicht.

6 Wie ist Schwermut im Alter vorzubeugen?

Da viele Faktoren die Schwermut im Alter bedingen, auslösen und aufrechterhalten, ist sicheres Wissen darüber, was ein Alternder vermeiden muß, um nicht depressiv zu werden, noch nicht belegbar. Keine einzelne Präventivmaßnahme ist hinreichend, sondern hilfreich sind individuell verschiedene Möglichkeiten. Jeder entscheidet für sich, welchen Sinn Vorbeugung für sein Leben im Alter hat oder nicht mehr hat. Vorbeugung ist zu unterscheiden in:

Primärprävention = Vorbeugende Maßnahmen,
Sekundärprävention = Früh-Erkennung und -Behandlung,
Tertiärprävention = Verhinderung von Chronifizierung, Rückfällen und Suizid durch Rehabilitation.

6.1 Primärprävention

6.1.1 Körperliche Primärprävention

Sie ist Vorbeugung gegen Faktoren, die zu somatogenen Depressionen beitragen. Da bei Apoplexie, gefäßbedingter Demenz und Parkinson Depressionen häufig sind, sollte der Hirnarteriosklerose vorgebeugt werden durch Behandlung der Risikokrankheiten (hoher Blutdruck, Herzkrankheiten, Diabetes, Blutfetterhöhung, Übergewicht, Gicht) und durch Vermeidung von verhaltensbedingten Risikofaktoren: Rauchen, Bewegungsmangel und Dauerstress. Da Fehlernährung nicht nur zu Kreislauferkrankungen führt, sondern Serotonin- und Vitamin-B-Mangel den Neurotransmitterstoffwechsel Alternder stört, kann eine tryptophanreiche und Vitamin-B-reiche Kost einer Depression im Alter vorbeugen helfen. Da Bewegungsmangel im Alter zu zunehmender Hilflosigkeit beiträgt, ist Bewegungstraining gegen Schwermut wirksam. Dauerstreß ist zu vermeiden, weil er Blutdruck, Blutzucker und Blutfette erhöht, Hirninfarkte begünstigt, zum Rauchen verleitet und durch dauernd erhöhte Cortisolausschüttung zur Schwermut beitragen kann.

6.1.2 Psychische Primärprävention

Dauerstress ist auch von psychischen Faktoren abhängig, wie z. B. von der Verarbeitung von Lebenskrisen, Verlusten, von Fehleinstellungen, von Enttäuschungen, Ängsten, Ehrgeiz, von dauernder Spannung in Beziehungen und von Rollenverlust, Isolation und Mangel an sozialen Kompetenzen. Diese Risikofaktoren hängen wechselseitig voneinander und von sozialpolitischen und weltanschaulichen Faktoren ab.

Wenn sich *kritische Lebensereignisse* häufen, brauchen Alternde Hilfe, diese zu bewältigen, z. B. durch Trauerseminare und durch soziale Unterstützung, z. B. durch Selbsthilfegruppen.

Alternde können *neue Daseinstechniken* lernen, um sich selbst zu helfen, Verantwortung zu übernehmen, sich Anforderungen zu stellen, sich mehr zuzumuten und sich aktiv mit Belastungen auseinanderzusetzen. Je mehr eine Bezugsperson den Gefährdeten ermutigt und motiviert, umso erfolgreicher wird Vorbeugung.

Kognitive Umstrukturierung bedeutet, daß Alternde lernen können, Situationen positiv zu deuten, durch eigenes Handeln zu verändern, Erfolge seiner eigenen Kompetenz zuzuschreiben und noch wertvoll zu sein, wenn Leistungen im Alter nachlassen.

Die Tiefenpsychologie will zur Depressionsvorbeugung das Überich relativieren, *die Tyrannei des „ich sollte, muß, darf nicht ..." in Frage stellen,* hohe Leistungsanforderungen drosseln und das Ich festigen, durch mehr Selbstliebe, und helfen, Wut zu äußern.

Sinnorientierung ist eine sehr wirksame Vorbeugungsmöglichkeit. Helfer können Aufgaben vermitteln, die der Kranke für sinnvoll hält und noch erfüllen kann. Alternden ist z. B. zuzumuten, bei der Grundpflege Gleichaltriger zu helfen. Helfer können sich der Sinnfrage eines Älteren stellen, wenn er glaubt, im Leben zu kurz gekommen zu sein oder fragt, was sein Leben noch für einen Sinn habe, wenn er nur noch zur Last falle. Können die Helfer Hoffnungslosigkeit und Verzweiflung des alten Depressiven überhaupt ertragen?

6.1.3 Soziale Primärprävention

Begleiter können helfen,

- Kontakte gegen Einsamkeit aufzubauen, nicht die Zahl der Kontakte, sondern die Qualität, d. h., Kontakte auf Gegenseitigkeit zu fördern,
- Alternde in Familie, Gruppen, Vereinen, Clubs oder Gemeinde zu integrieren, um das Zugehörigkeitsgefühl zu erhalten,
- die Überzeugung zu erhalten, noch gebraucht zu werden, soziale Aufgaben, z. B. als Großeltern oder als Pate im Heim zu erfüllen.

6.1.4 Ökologische Primärprävention

Helfer können die Umgebung freundlich gestalten, für viel Tageslicht und gute Beleuchtung sorgen. Hinweisschilder zu Hause oder im Heim erleichtern nicht nur die Orientierung, sondern stabilisieren das Selbstwertgefühl, wenn sich der Alternde weniger als Versager erlebt.

6.2 Sekundärprävention

6.2.1 Körperliche Sekundärprävention

Pflegende können zur Qualitätssicherung in der indirekten Pflege helfen, eine organische oder symptomatische oder pharmakogene Depression früh zu erkennen und behandeln zu lassen. Sie können klären helfen, ob die vielfältigen Beschwerden des Kranken nicht nur auf körperliche Veränderungen, sondern auf eine larvierte Depression zurückzuführen und mit Antidepressiva zu bessern sind.

6.2.2 Psychologische Sekundärprävention

Wirksam ist eine früh einsetzende Verhaltenstherapie. Helfer unterstützen die Therapeuten, indem sie dem Kranken kleine, sinnvolle Aufgaben zumuten. Er braucht Hilfe, seine Schwermut zu akzeptieren, mit seinen Aggressionen umzugehen, sich durchzusetzen, Verluste in Trauerarbeit zu ertragen, allein sein zu können, Leistungserwartungen herunterzuschrauben, sich Freude zu gönnen und Bedürfnissen ohne

Schuldgefühle nachgehen zu dürfen. Sie brauchen Helfer, die sie geduldig immer wieder neu ermutigen.

6.2.3 Soziale Sekundärprävention

Helfer können die Gefahr eines weiteren Rückzugs und einer Isolation von Depressiven früh erkennen und durch Integration in Familie oder Station verhindern, indem sie mit Angehörigen oder anderen Helfern kooperieren. Um eine Schwermut nach Partnerverlust zu bessern, können Helfer Trauer ansprechen, Kontakte aufbauen, Rollenerwartungen verändern und Hilfen anbieten, wie Alltagsfähigkeiten und Freizeitaktivitäten fördern, Haustier anschaffen oder Familienzwist klären. Helfer können Schwermütige und ihre Angehörigen in Selbsthilfegruppen vermitteln.

6.3 Tertiärprävention

Die Komplikationen Chronifizierung, Rückfälle, wahnhafte Depression und Suizid zu verhindern, wurde im Kapitel 3.5 beschrieben. Schwermütige sollten sich bewegen, die Wohnung freundlich gestalten, den Tag klar strukturieren, das Selbstwertgefühl erhalten, indem sie Erfahrungen erzählen, ein Nebenamt suchen, um noch eine Rolle zu spielen, verzichten lernen, täglich Abschied nehmen, Sinn suchen.

Die beste Vorbeugung gegen Depression im Alter ist, für andere, auch für alte Kranke, eine soziale Aufgabe zu übernehmen. Eine vorbeugende Versorgung Älterer kann ihre Selbständigkeit einschränken, d. h. sie hilflos, depressiv machen. Vorbeugung ist nur erfolgreich, wenn sie die Selbsthilfekräfte Älterer entfalten hilft und mehrdimensional körperlich, psychosozial, sinnorientiert ansetzt. Da „Pflegefälle" und „Langzeitpatienten" aus den psychiatrischen Kliniken immer häufiger in Pflegeheime verlegt werden müssen (Gesundheitsstrukturgesetz), brauchen Heime vorbeugend gegen Verwahr- oder Routine-Versorgungspflege einen ähnlichen verbindlichen Personalschlüssel wie gerontopsychiatrische Kliniken. Diese Heime sollten mit einem gerontopsychiatrischen Zentrum vernetzt werden, um ein interdisziplinäres umfassendes Assessment auch zur Vorbeugung zu ermöglichen.

7 Sterbebegleitung bei Altersdepressiven

In der Phasenlehre (Kübler-Ross 1973, Sporken 1981, Schuchardt 1979) wird das Sterben in folgenden Phasen beschrieben:
(1) Das rationale Eingangsstadium mit Unwissenheit, Unsicherheit und Verleugnen beim Entdecken der schon vermuteten Wahrheit vom nahen Tod.
(2) Das emotionale Durchgangsstadium mit Zorn, Wut, Auflehnung, Feilschen mit dem Schicksal und Trauer, Depression und Rückzug.
(3) Im Zielstadium soll aktive Annahme erreicht werden.

Diese Phasen verlaufen nie in dieser Reihenfolge, sondern abwechselnd und durchmischt, weil jeder verschieden seinen individuellen Tod stirbt, verständlich aus seiner Biographie, wie er frühere Verluste bewältigt hat. Ungenügend ausgebildete Begleiter fordern diesen Verarbeitungsprozeß ein, so daß der Sterbende in einen Sterbestress kommt und noch tiefer in die Resignation und Schwermut fällt. Der depressive Sterbende erlebt intensiv seine Hilflosigkeit, daß seine Situation unkontrollierbar ist, weil er selbst unfähig ist. Dieses Erleben senkt sein Selbstwertgefühl und verstärkt sein Ohnmachtsgefühl, seine Angst und Schwermut. In der Medizin wird der Sterbende häufig auf das Multi-Organversagen reduziert und zu einem Behandlungsobjekt degradiert.

Bisher wird wenig berücksichtigt, daß viele Ältere lange vor dem klinischen Tod (Aufhören von Herzschlag und Atmung) den sozialen, kommunikativen und psychischen Tod sterben. *Soziales Sterben* bedeutet: niemand besucht mich mehr, keiner ruft an. *Kommunikatives Sterben* findet sich in Kliniken und Altenheimen: niemand spricht mit mir, obwohl ich körperlich sehr gut gepflegt werde. *Psychisches Sterben* ist das Erleben schwer Depressiver, daß sie sich leer, wie gelähmt, innerlich tot empfinden und äußern: „Ich will nicht mehr, laßt mich gehen, ich kann nicht mehr, es hat doch alles keinen Sinn mehr!"

Nicht jeder Sterbende macht eine Phase der Schwermut durch. Wer im Sterben depressiv wird, leidet häufig unter Angst vor dem Sterbeprozeß, vor der Endgültigkeit erlöschender Körperfunktionen und vor dem Danach: „Wird meine Schuld offenbar und werde ich dafür vom Richter bestraft?". Durch diese Ängste nimmt die Hoffnungslosigkeit der Schwermut zu. Sterbende können vernachlässigt werden, weil sie sich von sich aus nicht mehr melden. Überforderten Pflegenden fällt es schwer, im Sterbenden noch den Menschen wertzuschätzen, besonders wenn er aggressiv oder verzweifelt die Begleiter beschimpft. Diese sollten sich nicht persönlich angegriffen fühlen und sich nicht provozieren lassen. Die wichtigsten Begleiter für den Sterbenden sind die Angehörigen und die Freunde, die bei pflegerischen Tätigkeiten gerne mithelfen.

Die meisten Sterbenden, aber nicht alle, möchten in den letzten Stunden nicht allein bleiben. Auch bei Bewußtlosen sind Sitzwachen nötig, weil sie hören können. Die Begleiter können helfen, Symptome zu lindern. Schmerzmittel sollten regelmäßig vorbeugend vor dem nächsten Schmerzgipfel gegeben werden und durch Antidepressiva unterstützt werden, die auch Schwermütigen das Sterben erleichtern. Die Schwermut Sterbender wird oft als vorübergehende Verstimmung oder als vorwegnehmende Trauer bagatellisiert und nicht behandelt. Die Depression verschlimmernden Symptome wie Schwäche, Übelkeit, Durst, Verstopfung, Atemnot und Hustenreiz, Schwitzen und Unruhe können auch durch Zuwendung besser werden. Jede Pflege, z. B. Mundpflege, ist die Chance, dem Sterbenden als Person zu begegnen, dabei ist das *Wie* wichtiger als das Was der Pflege. Den sterbenden Depressiven emotional zu begleiten heißt, ihn wertschätzen und vorbehaltlos akzeptieren, seine Würde, z. B. bei Inkontinenz, achten, auf seine Bedürfnisse eingehen, die Beziehung in offener Kommunikation vertiefen, ihn einfühlend zu verstehen versuchen, was nicht immer möglich ist, ihm die Hand halten, über die Haare streichen, weil er Zeichen der Liebe braucht.

Depressive Sterbende brauchen nicht eine 3s-(still, satt, sauber)-Pflege, sondern eine 3Z-(Zuwendung, Zeit, Zärtlichkeit)-Pflege. Begleiter können die Umgebung angenehm gestalten, für Kerzen, Blumen, schöne Bilder, Lieblingsmusik sorgen und Lärm, grelles Licht oder unangenehme Gerüche beseitigen. Die Begleiter können frühzeitig klären, welche religiösen Riten er wünscht. Besonders schwermütige Sterbende brauchen verständnisvolle Seelsorger, die mit Gebeten und alten Liedern beruhigen, das Abendmahl/Kommunion und die Krankensalbung spenden, nicht nur den vergebenden, barmherzigen Gott verkünden, sondern auch Hoffnung auf ein Weiterleben gegen alle Verzweiflung vermitteln. Begleiter können die Hand des Sterbenden stützen, damit er sich – symbolhaft in die Hände Gottes – fallen lassen kann.

8 Wie können Helfer eigene Schwermut verhindern?

8.1 Burnout und Schwermut

Helfer sind täglich mit dem niederdrückenden, deprimierenden Leid, mit dem Fatalismus alter Depressiver, mit Sterbenwollen oder Suiziddrohungen konfrontiert. Sie drohen auszubrennen. Ein Teilzusammenhang zwischen Burnout und vitaler Erschöpfung und Depression ist nachgewiesen (Killmer 1999). *Burnout ist charakterisiert* durch

- emotionale Erschöpfung: Helfer sind ausgelaugt, erledigt, frustriert, „am Ende", Arbeit mit Kranken wird zur Strapaze,
- Depersonalisierung, Dehumanisierung: Helfer werden gleichgültig, uninteressiert, emotional verhärtet, machen Kranke zu Objekten, sprechen mit ihnen mit medizinischen Fachausdrücken,
- verminderte subjektive Leistungsfähigkeit: Helfer können sich nicht mehr in den Kranken hineinversetzen, sich nicht entspannen.

Müller (1994) beschreibt 5 Phasen des Burnout-Syndroms

(1) Enthusiasmus, Idealismus: „Es beginnt feurig"
(2) Realismus, Pragmatismus: „Die Flamme brennt"
(3) Stagnation, Überdruß: „Der Funkenflug wird matter"
(4) Frustration, Depression: „Arbeiten auf Sparflamme"
(5) Apathie, Verzweiflung: „Die Glut erlischt".

Nach Burisch verläuft Burnout in 7 Phasen (in Domnowski 1999, 98)

(1) Warnsymptome der Anfangsphase: überaktiv, chronisch müde
(2) Reduziertes Engagement für Kranke und für die Arbeit
(3) Emotionale Reaktion mit Schuldzuweisung in Depression
(4) Abbau von Leistungsfähigkeit, Motivation und Kreativität
(5) Verflachung des emotionalen, sozialen und geistigen Lebens
(6) Psychosomatische Reaktion
(7) Verzweiflung.

Nach Killmer (1999) ist Burnout durch 3 Stadien gekennzeichnet

(1) Verausgabungsbereit, begeistert, überengagiert
(2) Distanzierungsunfähig, um Erschöpfung wahrzunehmen
(3) Vital erschöpft, depressiv, innerlich leer.

Sie sieht im Burnout eine berufliche *Gratifikationskrise,* d. h., ein Ungleichgewicht zwischen Verausgabung und Belohnung. Kontrollbestrebte Pflegende, die sich bei geringen Erfolgschancen zur Verausgabung verpflichtet fühlen (Sisyphussyndrom) erleben aktiven Distress und sind umso eher emotional erschöpft und depressiv, je distanzierungsunfähiger sie sind und je schlechter die Einstellung zur eigenen Leistungsfähigkeit ist.

Arbeitsbelastungen in der Altenpflege (Zimber u. Weyerer 1999) sind in abnehmender Häufigkeit: Hoher Zeitdruck, mangelnde Anerkennung und Unterbezahlung, Zuständigkeit für zu viele Pflegebedürftige, Probleme mit depressiven, suizidgefährdeten, aggressiven Patienten, fehlende Besserungsaussicht und Konfrontation mit dem Sterben, schwere Aktivierbarkeit alter Kranker, anstregende Arbeit. Seit Einführung der Pflegeversicherung in die Heime 1996 nahmen bei Heim-Mitarbeitern die Arbeitsmotivation ab, die Arbeitsunzufriedenheit und die Krankheiten zu.

Belastungsbedingungen sind

– Persönlichkeit der Pflegenden: Selbstwertmangel bei hohen Ansprüchen infolge innerer Antreiber, infolge der Tyrannei des „Ich sollte, müßte mich immer beherrschen, perfekter und schneller arbeiten, jede Strapaze gelassen ertragen, alles verstehen und es selbstlos allen recht machen", und „Ich darf nicht Fehler machen oder müde, erschöpft, schwach sein".
– Mitleiden mit anklammernden alten Kranken und ihrem Verfall.
– Vorwurfsvolle, unmotivierte Patienten und nörgelnde Angehörige.
– Strukturqualitätsmängel: Personalmangel, Fließbandarbeit, kalte Technik, zuviel Büro-Arbeit, wenig Mitbestimmung, Reduzierung auf das Geld: Pflege nur als Dienstleistung am Kunden.
– Probleme mit Kollegen (Kritik, Mobbing), Konflikte mit Ärzten.
– Unregelmäßiger Dienst mit wenig Kontakten und Privatleben.

8.2 Welche Hilfen brauchen Helfer?

8.2.1 Hilfen durch Verantwortliche und Politiker

Verantwortliche könnten

- den persönlichen Einsatz in der belastenden Pflege Depressiver wertschätzen und nicht zu einem rein wirtschaftlichen Faktor der Dienstleistung abwerten,
- das Ungleichgewicht zwischen Belastung und Belohnung (Gratifikationskrise) durch angemessenes Gehalt verringern,
- den Personalschlüssel und Aufstiegschancen verbessern,
- ambulante und stationäre Altenhilfe vernetzen,
- zum Umdenken beitragen: Altersschwermut ist nicht durch noch mehr Versorgung (Anspruchsinflation) zu verhindern und zu behandeln, sondern durch Fördern der Selbsthilfe. Pflege ist eine Chance, Menschlichkeit in die technische Medizin zu bringen.
- in Heimen sorgen für Verkürzung von Belastungszeiten, Stellenbeschreibung, Fortbildung, Supervision, Prozeßberatung, Qualitätssicherung mit Beziehungspflege und Angehörigenarbeit.

8.2.2 Selbstsorge der Helfenden

Helfer können sich vor Ansteckung durch Depressive schützen.

Körperlich mit Entspannungsübungen, Ausgleichstraining, Sport, Tanz und z. B. Genießen: das erhält Wohlbefinden, Genießen darf ich mir gönnen, Genießen braucht Zeit und geht nicht nebenbei; jeder genießt anders nach seiner Art und Erfahrung, lieber weniger, aber richtig, ich kann bewußt genießen und es nicht dem Zufall üerlassen und ich brauche Genießen täglich mit allen Sinnen, z. B. von gutem Essen, Naschen, Baden, Musik, Zärtlichkeit usw.

Psychisch, z. B.: Ich kann mich auf positive Aspekte des Helfens konzentrieren wie Begegnung, Bestätigung, gute Kooperation mit Kollegen, abwechslungsreiche Arbeit nach eigenen Vorstellungen, Unterstützung in Belastungen und Förderung durch Vorgesetzte. Ich kann Frustquellen klären, Belastungen anders bewerten, meine Bedürfnisse und Grenzen realistisch einschätzen, meinen Perfektionismus und selbstabwertende Denkmuster abbauen! Ich kann mich nach einem schweren Tag selbst belohnen, mich vom Depressiven abgrenzen, negative Gefühle wie Ekel, Ärger, Wut, Schuld, Scham und Angst aussprechen, statt sie in mich hineinzunehmen. Ich kann mich selbst verwirklichen mit kreativen Tätigkeiten!

Da Dauerstress zu Depression führt, sollte Stress bewältigt werden. Jeder Helfer kann seinen Stress erkennen, entspannen, negative Gefühle und innere Antreiber abbauen, positiv fühlen, Ressourcen in Beruf und Freizeit nutzen, sich auf die Identität und auf realistische Ziele besinnen.

Geistig: Ich kann mich an der Menschlichkeit orientieren und nach einem Sinn auch bei frustrierendem Helfen suchen!

Sozial: Ich kann sozialen Rückhalt pflegen, mir zu Kontakten Zeit nehmen, mir von Kollegen helfen lassen oder um Hilfe bitten, Aufgaben partnerschaftlich verteilen, dankbar sein. Ich kann mit Rat oder lebenspraktischen Tips helfen; Mitgefühl und Achtung schützen vor Mobbing.

Ökologisch: Ich kann meine Wohnung und die Station freundlich, hell, gemütlich, farbenfroh usw. gestalten.

Schwermut ist nicht nur im Alter eine Herausforderung. Wie körperlicher Schmerz ist auch der tiefe seelische Schmerz der Schwermut auch mit modernsten Mitteln nicht immer völlig zu beseitigen. *Den inneren Schmerz der Schwermut, Hoffnungslosigkeit und Verzweiflung zu akzeptieren, ohne sich aufzugeben, kann zu tieferem Sinnverständnis und zu mehr Menschlichkeit beitragen.*

Anhang

Inventar depressiver Symptome (IDS) (aus Hautzinger, M. (2000). Depression im Alter. Weinheim: Beltz PVU, 302–305)

Bitte kreuzen Sie zu jeder der folgenden Symptomfragen jeweils nur *eine* Antwort an, die den Patienten für die zurückliegende Woche am besten beschreibt.

1 Einschlafschwierigkeiten
0 Patient braucht nie länger als 30 Minuten, um einzuschlafen
1 Patient brauchte an weniger als der Hälfte der Woche mindestens 30 Minuten, um einzuschlafen
2 Patient brauchte an mehr als der Hälfte der Woche mindestens 30 Minuten, um einzuschlafen
3 Patient brauchte mehr als die Hälfte der Woche über eine Stunde, um einzuschlafen

2 Nächtliches Erwachen
0 Patient erwachte während der Nacht nicht
1 Patient berichtete von ruhelosem, leichtem Schlaf mit einigen Malen Erwachen
2 Patient wurde zumindest einmal jede Nacht wach, doch er schlief leicht wieder ein
3 Patient wurde mehr als einmal pro Nacht, während mehr als der Hälfte der Woche wach und es dauerte mindestens 20 Minuten, um wieder einzuschlafen

3 Früherwachen
0 Patient wurde während weniger als der Hälfte der Woche eine halbe Stunde oder weniger früher wach als notwendig
1 Patient wurde während mehr als der Hälfte der Woche eine halbe Stunde oder mehr früher wach als notwendig
2 Patient wurde während mehr als der Hälfte der Woche eine Stunde zu früh wach
3 Patient wurde während mehr als der Hälfte der Woche zwei Stunden zu früh wach

4 Hypersomnia
0 Patient schlief nicht mehr als 8 Stunden
1 Patient schlief nicht mehr als 10 Stunden während 24 Stunden
2 Patient schlief nicht mehr als 12 Stunden während 24 Stunden
3 Patient schlief mehr als 12 Stunden während 24 Stunden

5 Stimmung (Traurigkeit, Niedergeschlagenheit)
0 Patient war nicht traurig, niedergeschlagen
1 Patient fühlte sich weniger als die Hälfte der Woche traurig, niedergeschlagen
2 Patient fühlte sich mehr als die Hälfte der Woche traurig, niedergeschlagen
3 Patient fühlte sich praktisch die gesamte Woche über sehr traurig, niedergeschlagen

6 Stimmung (Verunsicherung, Irritation)
0 Patient fühlte sich nicht ängstlich, irritiert
1 Patient fühlte sich verunsichert, irritiert, doch weniger als die Hälfte der Woche
2 Patient fühlte sich mehr als die Hälfte der Woche verunsichert, irritiert
3 Patient fühlte sich praktisch die ganze Woche sehr verunsichert, irritiert

7 Stimmung (Angst, Verspannung)
0 Patient war nicht verunsichert oder verspannt
1 Patient war weniger als die Hälfte der Woche ängstlich, verspannt
2 Patient war mehr als die Hälfte der Woche ängstlich, verspannt
3 Patient war praktisch die ganze Woche sehr ängstlich und verspannt

8 Reaktivität der Stimmung
0 Nach positivem Ereignis verbesserte sich die Stimmung des Patienten bis hin zu Normalbefinden und hielt mehrere Stunden an
1 Nach positivem Ereignis hellte sich die Stimmung des Patienten zwar auf, doch Normalbefinden wurde nicht erreicht
2 Patient zeigte nur geringe Stimmungsaufhellung nach Eintritt eines sehr erwünschten, seltenen Ereignisses
3 Patient zeigte keine Stimmungsaufhellung, selbst dann nicht, wenn sehr positive oder sehr erwünschte, herbeigesehnte Ereignisse eintraten

9 Stimmungsvariabilität
0 Bei Patient war kein offensichtlicher Zusammenhang zwischen Stimmungsveränderung und Tageszeit festzustellen
1 Stimmung des Patienten erschien oft abhängig von Dingen und Umständen, die sich zu bestimmten Tageszeiten ereigneten
2 Während der meisten Zeit der Woche schien die Stimmung des Patienten mehr von der Tageszeit als von Ereignissen abhängig

3 Stimmung des Patienten war eindeutig vorhersagbar, indem zu einer bestimmten Tageszeit die Stimmung besser bzw. schlechter war. Stimmung üblicherweise schlechter:
o morgens   o mittags   o abends

10 Qualität der Stimmung
0 Stimmung und Gefühle des Patienten waren ungestört bzw. entsprachen echter Traurigkeit
1 Stimmung des Patienten war meist wie bei Trauer, obgleich nicht immer vermittel- und erklärbar, mit mehr Angst verbunden oder sehr viel intensiver
2 Stimmung des Patienten war weniger als die Hälfte der Woche qualitativ deutlich verändert und von dem Gefühl der Trauer verschieden und daher anderen schwer zu erklären
3 Stimmung des Patienten war praktisch die ganze Woche qualitativ verändert (im Vergleich zur Traurigkeit)

Nur 11 oder 12 beantworten

11 Appetit (Reduktion)
0 Patient zeigte keine Veränderung des gewöhnlichen Appetit- und Hungergefühls
1 Patient aß weniger als gewöhnlich (Frequenz und/oder Menge)
2 Patient aß deutlich weniger als gewöhnlich und nur unter großer Anstrengung (sich überwinden)
3 Patient aß selten während 24 Stunden und nur mit großer Anstrengung oder mit Aufforderung/Kontrolle durch andere

12 Appetit (Steigerung)
0 Patient zeigte keine Veränderung des gewöhnlichen Appetit- und Hungergefühls
1 Patient verspürte häufig während der Woche eine Steigerung des Appetitgefühls
2 Patient aß regelmäßig mehr als gewöhnlich (Frequenz und/oder Menge)
3 Patient verspürte deutliche Steigerung des Appetits, verbunden mit dem Drang zum Überessen und/oder zu Zwischenmahlzeiten

Nur 13 oder 14 beantworten

13 Gewichtsabnahme (während der letzten 2 Wochen)
0 Patient zeigte keine Gewichtsveränderungen
1 Patient empfindet, als ob geringe Gewichtsreduktion auftrat
2 Patient verlor 2 oder mehr Pfund
3 Patient verlor 5 oder mehr Pfund

14 Gewichtszunahme (während der letzten 2 Wochen)
0 Patient zeigte keine Gewichtsveränderung

1 Patient empfindet, als ob geringe Gewichtszunahme auftrat
2 Patient nahm 2 oder mehr Pfund zu
3 Patient nahm 5 oder mehr Pfund zu

15 Konzentration, Entscheidungsvermögen
0 Patient zeigte keine Veränderung im Konzentrations- und Entscheidungsvermögen
1 Patient fühlte sich gelegentlich unentschlossen und unaufmerksam
2 Patient hatte die meiste Zeit Schwierigkeiten, sich zu konzentrieren oder sich zu entscheiden
3 Patient konnte sich, selbst auf Kleinigkeiten wie Lesen, nicht konzentrieren oder Entscheidungen selbst bei Kleinigkeiten nicht treffen, war entscheidungsunfähig

16 Selbstbewertung
0 Patient sah sich ebenso wertvoll und verdienstwürdig wie andere Menschen
1 Patient war mehr selbstanklagend als üblich
2 Patient glaubte, daß er/sie für andere nur eine Last sei und Probleme verursache
3 Patient grübelte über viele größere und kleinere Fehler nach, die er/sie alle in seiner Person begründet sah

17 Sicht der Zukunft
0 Patient sah die Zukunft mit normalem Optimismus
1 Patient hatte gelegentlich pessimistische Phasen, die jedoch durch andere Personen oder Ereignisse überwunden werden konnten
2 Patient war meist sehr pessimistisch in bezug auf seine nächste Zukunft
3 Patient sah zu keiner Zeit Hoffnung für sich und seine Lage in der Zukunft

18 Suizidvorstellungen
0 Patient hatte keinerlei Gedanken an Suizid oder Tod
1 Patient empfand das Leben leer oder nicht lebenswert
2 Patient dachte mehrfach während der Woche an Suizid oder den Tod
3 Patient dachte wiederholt und ernsthaft an Suizid oder Tod, machte spezifische Pläne oder versuchte Suizid zu begehen

19 Interesse/Beteiligung am Leben
0 Patient zeigte keine Veränderung des gewöhnlichen Interesses an mehreren Menschen und Aktivitäten
1 Patient bemerkte eine Verminderung des früheren Interesses an Dingen und Aktivitäten
2 Bei dem Patient waren noch ein oder zwei frühere Interessen erhalten
3 Patient zeigte kein Interesse mehr an geliebten Dingen und früheren Aktivitäten

20 Energielosigkeit
0   Patient war voll unveränderter, gewohnter Energie
1   Patient ermüdete leichter als gewöhnlich
2   Patient mußte sich sehr anstrengen, um alltägliche Dinge zu schaffen oder durchzuhalten
3   Patient war aufgrund von Energielosigkeit nicht in der Lage, alltägliche Dinge zu schaffen

21 Vergnügen, Lustempfinden (außer sexuelle Aktivitäten)
0   Patient beteiligte und vergnügte sich in gewohnter Weise an angenehmen Aktivitäten oder Ereignissen
1   Patient zog weniger Vergnügen aus angenehmen Aktivitäten und Ereignissen
2   Patient zog ganz selten Vergnügen/Lust aus irgendwelchen Aktivitäten oder Ereignissen
3   Patient war unfähig, jegliche Art von Vergnügen/Lust aus irgendwelchen Aktivitäten oder Ereignissen zu ziehen

22 Sexuelles Interesse
0   Patient berichtete von unverändertem Interesse an oder Vergnügen durch sexuelle Aktivitäten
1   Patient berichtete von leicht verändertem Interesse an oder Vergnügen durch sexuelle Aktivitäten
2   Patient berichtete von deutlich verringertem Interesse oder reduziertem Vergnügen an sexuellen Aktivitäten
3   Patient berichtete vom Fehlen jeglichen Interesses an oder Vergnügen durch sexuelle Aktivitäten

23 Psychomotorische Verlangsamung
0   Patient zeigte normale Geschwindigkeit im Denken, Sprechen und der Gestik/Mimik
1   Patient bemerkte verlangsamtes Denken und die Stimmodulation ist eingeschränkt
2   Patient berichtete von verlangsamtem Denken und es dauerte einige Sekunden, bis der Patient auf Fragen reagierte
3   Patient reagierte auf Fragen ohne ausdrückliches Daraufbestehen meist nicht

24 Psychomotorische Agitiertheit
0   Patient zeigte keine Steigerung der Geschwindigkeit oder Disorganisation im Denken oder der Gestik/Mimik
1   Patient war unruhig, rutschte oft hin und her, rieb seine Hände aneinander, war zappelig o. ä.
2   Patient beschrieb Impulse, sich (ziellos) bewegen zu müssen, oder zeigte motorische Ruhelosigkeit
3   Patient konnte nicht stillsitzen, mußte sich, trotz Aufforderung dazu es nicht zu tun, hin- und herbewegen

25 Somatische Klagen
0 Patient klagte nicht über Schmerzen oder Beschwerden
1 Patient klagte über Kopf-, Bauch-, Rücken- oder Gliederschmerzen, jedoch behinderten ihn/sie diese Beschwerden nicht
2 Die genannten Beschwerden waren mäßig stark und während mehr als der Hälfte der Woche vorhanden
3 Die genannten Beschwerden waren so stark, daß der Patient funktionell behindert war

26 Sympathotone Erregung
0 Patient zeigte keine Anzeichen von Herzrasen, Schwitzen, Tremor, verschwommenes Sehen, Hitze-/Kälteschauer, Ohrengeräusche/-sausen, Brustschmerzen, Atemnot/Kurzatmigkeit
1 Die genannten Symptome waren bei dem Patienten nur leicht und zeitweilig vorhanden
2 Die genannten Symptome waren bei dem Patienten mäßig stark und während mehr als der Hälfte der Woche vorhanden
3 Die genannten Symptome waren so stark, daß der Patient funktionell behindert war

27 Panik/Phobische Symptome
0 Patient zeigte keine Anzeichen von Panik oder von phobischen Symptomen
1 Patient zeigte leichte Anzeichen von Panik oder von phobischer Symptomatik, das jedoch den Patienten nicht weiter behinderte oder sein Verhalten beeinflußte
2 Patient zeigte deutliche Panik oder phobische Symptomatik, die das Patientenverhalten beeinflußte ohne gleichzeitig zu behindern
3 Patient erlebte (mindestens einmal in der Woche) lähmende Panikanfälle oder phobische Symptome, die den Patienten Vermeideverhalten zeigen ließen

28 Verdauungsbeschwerden
0 Patient hatte normale Verdauung, keine Veränderung oder Beschwerden
1 Patient hatte gelegentlich Verstopfung und/oder Durchfall von leichtem Ausmaß
2 Patient litt die meiste Zeit unter Verstopfung und/oder Durchfall, das jedoch die Funktionsfähigkeit des Patienten nicht beeinträchtigte
3 Patient litt wiederholt an Verstopfung und/oder Durchfall. Dies erforderte Behandlung oder bewirkte Funktionsbeeinträchtigung des Patienten

Wertespanne: 0 = 78
Kritischer Wert: 20
Wert für zurückliegende Woche:

An wen können Sie sich wenden? Wichtige Adressen

Bundesrepublik Deutschland

Am Wohnort
- Sozialpsychiatrischer Dienst der Gesundheitsämter
- Krankenkassen für Listen der zugelassenen Psychotherapeuten
- Telefonbücher, Gelbe Seiten: Rubrik Psychotherapie
- Tageszeitung: Termine und Treffpunkte der Selbsthilfegruppen
- Kirchengemeinden: Beratungsstellen der Caritas oder Diakonie

Überörtlich
Agus (Angehörige um Suizid),Wichernstr. 1, D-95447 Bayreuth
Aktion psychisch Kranke, Brungsgasse 4–6, D-53117 Bonn
Bundesverband der Angehörigen psychisch Kranker oder Bundesverband der
   Psychiatrie-Erfahrenen, Thomas-Mann-Str. 49a, D-53111 Bonn
Deutsche Gesellschaft für soziale Psychiatrie, Stuppstr. 14, D-50823 Köln
Deutsche Gesellschaft für Gerontopsychiatrie, Rheinische Landesklinik,
   Kaiser-Karl-Ring 20, D-53111 Bonn
Deutsches Zentrum für Altersfragen, Manfred-von-Richthofen-Str. 2,
   D-12101 Berlin
Europäische Arbeitsgemeinschaft für Gerontopsychiatrie,
   Rheinische Landesklinik, Bergische Landstr. 2, D-40629 Düsseldorf
Hilfe in Lebenskrisen, (Deutsche Gesellschaft für Suizidprävention),
   Bezirkskrankenhaus, Nordring 2, D 95445 Bayreuth
HSM (Handeln statt Mißhandeln), Goetheallee 51, D-53225 Bonn,
   Tel. 0228–696868
Hilfe zum Weiterleben, Postfach 1818, D-32708 Detmold, Tel. 05231–32984
Katholische Ehe-, Familien- und Lebensberatung, Kaiserstr. 163,
   D-53111 Bonn
Kompetenznetz „Depression, Suizidalität", (Programm zur Früherkennung
   der Depression und zur Suizidprävention), Psychiatrische Klinik der
   Universität, Nußbaumstr. 7, D-80336 München
Kuratorium Deutsche Altershilfe, An der Pauluskirche 3,D- 50677 Köln
NAKOS – Nationale Kontakt- und Informationsstelle,
   (vermittelt Kontakte zu Depressions-Selbsthilfegruppen),
   Albrecht-Achilles-Str. 65, D-10709 Berlin
Psychotherapie-Informations-Dienst, Heilsbachstr. 22, D-53123 Bonn

Telefonseelsorge: 080 011 10111 und 080 011 10222

Österreich

Berufsverband Österreichischer Psycholog/innen, Garnisongasse 1/22,
A-1040 Wien
Gesellschaft zur Förderung der Selbsthilfe bei Depression und
Angststörungen (D & A), Schwindgasse 5, A-1040 Wien
Hilfe für Angehörige psychisch Erkrankter (HPE), Österreich Dachverband,
Bernhardgasse 36–4–14, A-1070 Wien
Österreichische Arbeitsgemeinschaft für Psychoanalyse und Sozialtherapie,
Apostelgasse 25–27, A-1030 Wien
Österreichische Gesellschaft für gemeindenahe Psychiatrie, Kaiserstr. 18,
A-4020 Linz
Beratung für Pflegende beim Bundesministerium für Arbeit, Gesundheit und
Soziales, Geigergasse 5–9, 3. Stock, A-1050 Wien

Schweiz

Am Wohnort
Selbsthilfeorganisationen (z. B. in Basel, Chur, Thun, Zürich u. a.)

Überörtlich
„Dargebotene Hand" (telefonische Hilfe bei psychischen Problemen) Tel. 143
Notfallpsychiater (kann über Tel. 111 erfragt werden)
Notfalldienst der psychiatrischen Polikliniken
Die Sanitäts- oder Gesundheitsdepartements aller Kantone führen Listen von
Therapeut/innen mit Praxisbewilligung

Schweizerisches Institut für das Gesundheitswesen, Pfrundweg 14,
Ch-5001 Aarau
Schweizer Psychotherapeuten-Verband, Weinbergstr. 31, Ch-8006 Zürich
(vermittelt kostenlos Therapieplätze in der Schweiz)
Schweizerische Gesellschaft der Psychotherapeut/innen, Byfangweg 36,
Ch-4011 Basel
Föderation der Schweizer Psycholog/innen, Postfach, Ch-3000 Bern 14
Beratungstelefon der Schweizerischen Stiftung Pro mente sana,
Rotbuchstr. 32, Ch-8037 Zürich

Internet

Informationen zur Depression:
http://www.kompetenznetz-depression.de
http://www.depression.ch
(für Betroffene und Angehörige)
http://www.telefonseelsorge.de (kostenlose Beratung via e-Mail)

Literatur

Adam, C. (1998): Depressive Störungen im Alter. Juventa, Weinheim
Baltes, M. M.; Carstensen, L. L. (1996): Gutes Leben im Alter. Psychologische Rundschau 47, 199–215
Basco, M. (2000): Wenn Perfektionismus zur Qual wird. mvg, München
Battegay, R. (1985): Depression. Huber, Bern
Bäurle, P.; Radebold, H.; Hirsch, R. D.; Studer, K.; Schmid-Furstoss, U.; Struwe, B. (2000): Klinische Psychotherapie mit älteren Menschen. Huber, Bern
Beck, A. (1991): BDI. In Meermann, R.; Vandereycken, W. (1991, 171): Verhaltenstherapeutische Psychosomatik in Klinik und Praxis. Schattauer, Stuttgart
Beck, A. T. (1994): Kognitive Therapie der Depressionen. Beltz, Weinheim
–; Rush, A. J.; Shaw, B. F. ; Emery, G. (1996): Kognitive Therapie der Depression. 5. A. Psychologie Verlags-Union, Weinheim
Bengtson, V. L.; Kuypers, J. (1991): Zit. nach Haag, G.; Brengelmann, J. C. (1991, 76): Alte Menschen. Röttger, München
Bergener, M. (1989): Depressive Syndrome im Alter. Thieme, Stuttgart
Berger, M. (1999): Psychiatrie und Psychotherapie. Urban u. Schwarzenberg, München
Blanchard, E. B.; Hickling, E. J.; Taylor, A. E. et al. (1994): The psychological morbidity associated with motor vehicle accidents. Behav Res Ther 32, 283–290
Blazer, D.; Williams, C. D. (1989): In Bergener, M. (1989, 64): Depressive Syndrome im Alter. Thieme, Stuttgart
Bock, E. W.; Webber, I. L. (1972): Social status and relational systems of elderly suicides. Suicide and Life-Threatening Behavior 1, 144–159
Böhme, K.; Lungershausen, E. (1999): Suizid und Depression im Alter. Roderer, Regensburg
Bowlby, J. (1983): Verlust, Trauer, Depression. Fischer, Frankfurt
Bron, B. (1991): Pathologische Trauerreaktionen im Alter. Klinische und therapeutische Aspekte. Gerontologische Forschung 1, 33–38
Bronisch, T. (1995): Suizid. Ursachen, Warnsignale, Prävention. Beck, München
Buijssen, H. (1997): Die Beratung von pflegenden Angehörigen. Beltz, Weinheim
Cleve, J. (1997): Licht am Ende des Tunnels. Huber, Bern
Cooper, B.; Sosna, U. (1993): Psychische Erkrankung in der Altenbevölkerung. Eine epidemiologische Feldstudie in Mannheim. Nervenarzt 54, 239–249

Dankwarth, G.; Püschel, K. (1991): Suizide im Senium. Z. Gerontol. 24, 12–16
deLeo, D.; Diekstra, R. F. W. (1990): Depression and Suicide in Late Life. Hogrefe, Göttingen

Depping, K. (2000): Depressive alte Menschen seelsorglich begleiten. Luther, Hannover
Dilling, H.; Weyerer, S.; Castell, R. (1984): Psychische Erkrankungen in der Bevölkerung. Enke, Stuttgart
Domnowski, M. (1999): Burnout und Streß in Pflegeberufen. Kunz, Hagen
Dörner, K.; Plog, U. (1996): Irren ist menschlich. Psychiatrie-Verlag, Bonn
Dörr, A. (1987): Religion und Depression. Deutscher Studien Verlag, Weinheim
Dorrmann, W. (1991): Suizid. Therapeutische Interventionen bei Selbsttötungsabsichten. Pfeiffer, München

Erlemeyer, W. (1992): Suizidalität im Alter. Kohlhammer, Stuttgart
Erikson, E. H. (1950): Growth and crises of the health personality. In Senn, M. J. (1950): Symposium on the health personality. New York, 91–146

Faust, V.; Wolfersdorf, M. (1984): Suizidgefahr. Hippokrates, Stuttgart
– (1999): Schwermut. Depressionen erkennen und verstehen. Hirzel, Leipzig
Finzen, A. (1990): Der Patientensuizid. Psychiatrie Verlag, Bonn
Folstein, M. F.; Folstein, S. E.; Mc Hugh, P. R. (1990): Mini Mental Status Test. Beltz Test, Göttingen
Frankl, V. F. (1984): Sinn-voll heilen. Herder, Freiburg
Friedrich, I.; Schmitz-Scherzer, R. (1992): Suizid im Alter. Steinkopff, Darmstadt

Gilbert, P. (1999): Depressionen verstehen und bewältigen. Angewandte Psychologie, Göttingen
Goffmann, E. (1973): Asyle. Suhrkamp, Frankfurt
Grond, E. (1992): Prävention der Depressionen im Alter. In Müller, H. W.: Prävention von Krankheiten im Alter. Deutsche Zentrale für Volksgesundheitspflege, Frankfurt/M. 99–110
– (1999): Kompendium der Alters-Psychiatrie und –Neurologie. Kunz, Hagen
– (2000): Altenpflege als Beziehungspflege. Kunz, Hagen

Häfner, H. (1985): Sind psychische Krankheiten häufiger geworden? Nervenarzt 56, 120–133
–; Riecher, A. (1985): Research Report Central Institute of Mental Health, Mannheim. Psychol. Med. 15, 417–431
HAMD (Hamilton-Depressions-Skala). In: CIPS (Collegium Internationale Psychiatriae Scalarum, 1980). Beltz, Weinheim
Hammen, C. (1999): Depression. Erscheinungsformen, Behandlung. Huber, Bern
Hautzinger, M.; Bailer, J. (1991): Depressionen. In Meermann, R.; Vandereycken, W. (1991, 169–200): Verhaltenstherapeutische Psychosomatik in Klinik und Praxis. Schattauer, Stuttgart
– (1998): Depression. Hogrefe, Göttingen

- (1999): Patientenbroschüre Depression. Hogrefe, Göttingen
- (2000): Depression im Alter. Beltz PVU, Weinheim

Hell, D. (1993): Die Depression des alten Menschen. Asanger, Heidelberg

Henseler, H. (1980): Narzißtische Krisen. Zur Psychodynamik des Selbstmords. Rowohlt, Reinbek

Hirsch, R. D. (1992): Altern und Depressivität. Huber, Bern
- (1999): Psychotherapie kennt keine Altersgrenzen. Neuropsychiatrische Nachrichten 5, 9–16
-; Fussek, C. (1999): Gewalt gegen pflegebedürftige alte Menschen. Psychiatrie-Verlag, Bonn

Hoffmann, N.; Schauenburg, H. (2000): Psychotherapie der Depression. Thieme, Stuttgart

Hole, G. (1977): Der Glaube bei Depressionen. Enke, Stuttgart

Kasper, S.; Möller, H. J. (1997): Depression. Diagnose und Pharmakotherapie. Thieme, Stuttgart

Kierkegaard, S. A. (1991): Die Krankheit zum Tode. Europäische Verlagsanstalt, Hamburg

Killmer, C. (1999): Burnout bei Krankenschwestern. Lit-Verlag, Münster

Kipp, J.; Jüngling, G. (2000): Einführung in die praktische Gerontopsychiatrie. Reinhardt, München Basel

Köhler, T. (1999): Affektive Störungen. Kohlhammer, Stuttgart

Köster, R. (1998): Das seelische Tief überwinden. Herder, Freiburg/Br.

Kremer-Preiss, U. (1996): Angehörigenarbeit. Altenpflegeforum, Vincentz, Hannover

Krohwinkel, M. (1991): Ist ganzheitlich-rehabilitierende Prozeßpflege in Akutkrankenhäusern umsetzbar? Pflege 4, 112–121

Kruse, A. (1992): Depression und Trauer. In Hirsch, R. D. (1992, 53–69 u. 83–100): Altern und Depressivität. Huber, Bern

Kübler-Ross, E. (1973): Interviews mit Sterbenden. 6. A. Kreuz, Stuttgart

Lauter, H. (1978): Ergänzende Diskussionsbemerkung zu der Mitteilung von Reimer, F.: Die Öffnung der Türen im psychiatrischen Krankenhaus und die Suizidgefahr. Nervenarzt 49, 680–681

Laux, G. (1994): Altersdepression erkennen und behandeln. In Laux, G.; Müller, W. E. (1999): Altersdepression. Erkennen und behandeln. LinguaMed, Neu-Isenburg

Laux, G.; Müller, W. E. (1999): Altersdepression. Erkennen und behandeln. LinguaMed, Neu-Isenburg

Lechner, H. (1989): Zerebrale Gefäßkrankheiten. VCH-Verlag, Weinheim

Leder, C. M. (1998): Über den Umgang mit suizidalen älteren Menschen. Roderer, Regensburg

Lukas, E. (1998): Wertfülle und Lebensfreude. Profil, München

Lungershausen, E. (1985): Altwerden und Altern. Nervenheilkunde 4, 113–118

Lütjens, H. (1997): Depressionen sind heilbar. Droemer Knaur, München

Margraf, J. (1991): Diagnostisches Interview bei psychischen Störungen. Springer, Berlin
Mayer, K. U.; Baltes, P. B. (1996): Die Berliner Altersstudie. Akademie Verlag, Berlin
Mitscherlich, A.; Mitscherlich, M. (1967): Die Unfähigkeit zu trauern. München
Möller, H. J.; Laux, G.; Kapfhammer, H. P. (Hrsg.)(2000): Psychiatrie und Psychotherapie: Springer, Berlin
Müller, E. H. (1994): Ausgebrannt – Wege aus der Burnout-Krise. Herder, Freiburg
Mundt, Ch.; Fiedler, P.; Lang, H.; Krauss, A. (1991): Depressionskonzepte heute. Springer, Berlin

Nehen, H. G.: Memory Clinic. In Nikolaus, T. (2000, 135): Klinische Geriatrie. Springer, Berlin
Niklewski, G.; Riecke-Niklewski, R. (1998): Depressionen überwinden. Verlag Stiftung Warentest, Berlin
Nikolaus, T. (2000): Klinische Geriatrie. Springer, Berlin
Nissen, G. (1999): Depressionen. Ursachen, Erkennung, Behandlung. Kohlhammer, Stuttgart

Otzelberger, M. (1999): Suizid. Das Trauma der Hinterbliebenen. Links, Berlin

Psychiatrische Uni-Klinik München (2000): Kompetenznetz „Depression, Suizidalität". Depressions-Screening-Studie

Radebold, H.; Hirsch, R. D.; Kipp, J.; Kortus, R.; Stoppe, G.; Struwe, B.; Wächtler, C. (1997): Depressionen im Alter. Steinkopff, Darmstadt
Rahn, E.; Mahnkopf, A. (1999): Lehrbuch Psychiatrie. Psychiatrie-Verlag, Bonn
Rausch, K. (1991): Suizidsignale in der sozialen Interaktion und Auswege in der Therapie. Roderer, Regensburg
Reimer, C. (1982): Suizid. Springer, Berlin
Ringel, E. (1978): Das Leben wegwerfen? Herder, Wien
Rudolf, G. A. E. (1993): Depression und höheres Lebensalter. Wissenschaftliche Buchgesellschaft, Darmstadt

Saß, H.; Wittchen, H. U.; Zaudig, M.(1996): Diagnostisches und Statistisches Manual psychischer Störungen (DSM-IV). Hogrefe, Göttingen
Schmidtke, A.; Weinacker, B.; Fricke, S. (1998): Epidemiologie von Suiziden und Suizidversuchen in Deutschland. Suizidprophylaxe (Sonderheft) 37–49

Schuchardt, E. (1979): Probleme sozialer Integration Behinderter. Dissertation, Frankfurt
Seligman, M. E. P. (1975): Learned helplessness. Freeman, San Francisco
Senn, M. J. (1950): Symposium on the health personality. New York
Shneidman, E. (1991): Key psychological factors in understanding and managing suicidal risk. Journal of Geriatric Psychiatry 2, 153–174
Sporken, P. (1981): Hast du denn bejaht, daß ich sterben muß? Eine Handreichung für den Umgang mit Sterbenden. Patmos, Düsseldorf
Stange, K. H. (1999): Lebensfinsternis Depression. Sachs-Verlag, Roßdorf bei Darmstadt
Steinhilper, R. (1990): Depression. Herausforderung an die Seelsorge. Calwer, Stuttgart
Steinwachs, K. C. (1992): Biologische Aspekte. In Hirsch, R. D. (1992, 45–52): Altern und Depressivität. Huber, Bern
Stiemerling, D. (1995): 10 Wege aus der Depression. Pfeiffer, München

Teising, M. (1992): Alt und lebensmüde. Reinhardt, München Basel
Tellenbach, H. (1983): Melancholie. 4. A. Springer, Berlin
Thomae, H. (1983): Alternsstile und Altersschicksale. Ein Beitrag zur Differentiellen Gerontologie. Huber, Bern
Thomas, K. (1977): Warum weiter leben? Herder, Freiburg
Tölle, R. (2000): Depressionen. Beck, München

Urlaub, K. H. (1988): Krisen, Konflikte und Überforderungsstrukturen in familiären Pflegebeziehungen. DPWV-Verlag, Wuppertal

Vanelle, J. M. (1999): Wenn ein naher Mensch depressiv ist. Herder, Freiburg/Br.
Vogel, R.; Wolfersdorf, M. (1985): Möglichkeiten zur Vorhersage suizidaler Verhaltensweisen bei stationär behandelten depressiven Patienten. In Wolfersdorf, M.; Hole, G.: Depressionsstationen. Roderer, Regensburg
Vries de, B. (1996): Suizidales Verhalten alter Menschen. Kovac-Verlag, Hamburg

Waggon, B. (1998): Ich kann nicht wollen. Berichte depressiver Patienten. Huber, Bern
Wahl, H. W.; Tesch-Römer, C. (2000): Angewandte Gerontologie in Schlüsselbegriffen. Kohlhammer, Stuttgart
Wedler, H. L. (1987): Der suizidgefährdete Patient. Hippokrates, Stuttgart
Weltgesundheitsorganisation (1991): Internationale Klassifikation psychischer Störungen (ICD 10). Huber, Bern
Welz, R. (1994): Epidemiologie psychischer Störungen im Alter. Roderer, Regensburg
Wettstein, A. (1997): Checkliste Geriatrie. Thieme, Stuttgart

Will, H.; Grabenstedt, Y.; Völkl, G.; Banck, G. (1998): Depression. Psychodynamik und Therapie. Kohlhammer, Stuttgart

Willi, J. (1975): Die Zweierbeziehung. Rowohlt, Reinbek

Wittchen, H. U. (1995): Depression. Wege aus der Krankheit. Karger, Basel

Wolfersdorf, M. G. (1992): Hilfreicher Umgang mit Depressiven. Angewandte Psychologie. Hogrefe, Göttingen

– (2000): Krankheit Depression erkennen, verstehen, behandeln. Psychiatrie-Verlag, Bonn

–; Hole, G. (1985): Depressionsstationen. Roderer, Regensburg

Yesavage, J. A.; Brink, T. L.; Rose, T. L. et al. (1983): Development and validation of a geriatric depression scale. A preliminary report. Journal of Psychiatric Research 17, 37–49

Zimber, A.; Weyerer, S. (1999): Arbeitsbelastung in der Altenpflege. Angewandte Psychologie. Hogrefe, Göttingen

Sachverzeichnis

Affektive Störung 30ff
Aggressionsstau 81
Aggressivität 14
Agitierte Depression 15f
Aktivierung 134
Aktivitäten des täglichen Lebens 135
Aktivitätsaufbau 97, 101f
Akutbehandlung 85ff
Alkohol und Depression 24
Altern, soziale Faktoren 64ff
Ambivalenz 81
Angehörige von Depressiven 57ff, 118ff
Angst und Depression 14
Anlage- oder Erbfaktoren 44
Ansteckung in der Familie 54ff
Antidepressiva 126ff
– anticholinerge Nebenwirkungen 129
– Behandlungsdauer 130
– Einteilung 127f
– Interaktion mit anderer Arznei 130
– Nebenwirkungen 129f
– Serotonin-Rückaufnahme-Hemmer 128f
– trizyklische 127, 129
Antriebsarmut, gehemmte Depression 14f
Armut im Alter 65
Assessment, gerontopsychiatrisches 134
Atemgymnastik 124
Autoaggression 81

Bäder 125
Bedürfnisse 13f
Begleitdepression, symptomatische 29

Behandlung 89ff, 95
Behandlungserfolg, fehlender 75
Belastung der Helfer 149
Benzodiazepine 15, 127, 130f
Beschäftigungstherapie 117, 125
Beschwerden 12f, 15f
Bewältigung, s. Hilflosigkeit 49
Bewegungstherapie 125
Beziehungen als Heilmittel 93, 116
Biographie 42f, 91
Bipolare affektive Störung 31, 33
Burnout 148f

Carbamazepin (Tegretal) 129
Chronifizierung 75
Coping s. Hilflosigkeit 38, 49f, 79

Demenz, Abgrenzung 24f
Dekubitus und Depression 38
Denkmuster 12, 47, 103ff
Depression
– Auslöser 42f
– Besonderheiten im Alter 43ff
– chronifizierte 75
– Diagnose 17, 19
– Einteilung 27f, 30ff
– endogene 30
– familiäre Faktoren 44, 57ff
– Häufigkeit 40f
– internationale Klassifikation 30ff
– körperlich begründbare 27f
– larvierte, maskierte 15
– medikamentöse Ursachen 29f
– multifaktorielle Entstehung 67
– neurotische, dysthyme Störung 30, 35, 70
– organische 27f

- pharmakogene 29f
- Prävention 141ff
- psychogene, neurotische 30, 35, 70
- psychotische 18, 72f
- Psychotherapie 95ff
- reaktive, Anpassungsstörung 26, 36
- Rückfälle 76, 107
- saisonale 34
- somatogene 27f
- soziale Folgen 21
- Soziotherapie 116ff
- symptomatische 29
- Symptome 12f, 15f
- Therapie 89ff, 95ff
- therapieresistente 75
- tiefenpsychologische Therapie 110
- und Trauer, Abgrenzung 21ff
- Verhaltenstherapie 97ff
- Verlauf 68ff
- Winter-Depression 34

Depressionsphasen 68, 70f
Depressions-Tagesprotokoll 101, 108
Diagnose 17ff
Diagnostisch-Statistisches Manual, DSM IV 30, 35
Dysthymie 30, 35, 70

Ehepartner des Depressiven 54f, 58f, 60
Einflußfaktoren, biographische 42f
Einsamkeit, Vereinzelung 64, 79
EKT Elektrokrampfbehandlung 132
Elektrotherapie 125, 132f
endogene Depression 30
Entspannungsbehandlung 124
Entstehungsbedingungen 43ff
Epidemiologie, Häufigkeit 40f
Episoden 34, 69f
Erb-, Anlagefaktoren 44, 78
Ergotherapie 125

Familienpflege 58, 118ff, 122
Familientherapie 110
Feindseligkeit 14
Formen der Depression 17f, 27ff

Gedanken, negative, verzerrte 47, 103f
Gefühl, gebraucht zu werden 143f
Gehirnstoffwechsel 44
Gespräche, Grundregeln 93
Gesundmarsch 125
Grübelneigung 12f
Gruppenarbeit 123
Gruppentherapie 107f
Gymnastik 125

Häufigkeit 40f
Halluzinationen 18, 72f
Hemmung 16
Hilflosigkeit 49f
Hirnorganische Faktoren 27f, 45
Hoffnungslosigkeit 50, 54
Hydrotherapie 125
Hypochondrie 26

ICD-10-Klassifizierung 30ff
Identitätsverlust 79
Infusionstherapie 131
Inkontinenz und Depression 38
Institutionell bedingte Depression 63
Interaktionelle Bedingungen 54f
Internistische Begleittherapie 133
Isolation, Vereinsamung 64, 79

Johanniskraut 129
- Nebenwirkungen 130

Katastrophendenken 47, 104
Kava-Kava 129
Klassifikation nach ICD 30ff
Kneippsche Anwendungen 125
Klinikbehandlung, -einweisung 87, 123
kognitive Verhaltenstherapie 97ff
Kommunikation 55, 93
Kompetenzverlust 42, 98, 102
Konflikte mit Angehörigen 58
Körpersprache 16, 93
Krisenintervention 86ff
Kuraufenthalt 92

Labilität, vegetative Dystonie 26f
Larvierte Depression 15
Lebensereignisse, kritische 42, 78f
Lerntheoretische Aspekte 46f
Lichtmangel 67
Lichttherapie 132
Lithium-Behandlung 129
– Nebenwirkungen 130

Major Depression 34
Manie, manische Episode 32
MAO-Hemmer 128, 130
Massagen 125
Medikamente 29f, 126ff
– antidepressive 126ff
– depressionsfördernde 29f
mehrdimensionale Entstehung 67
Mehrfachbenachteiligung 65
Melancholie 10, 17
Milieutherapie 118
Minderwertigkeitsgefühle 13
Müdigkeitssyndrom 26
Multi-Infarkt-, vaskuläre Demenz 28
Multimorbidität 37
Musiktherapie 125

Nachbetreuung 134f
Nahrungsverweigerung 83
Negative Gedanken 47, 103f
Neuroleptika 15, 30, 127, 130f
Neurose, depressive 30, 35, 70
Neurotransmitter 44
Nonverbale Kommunikation 16, 93

Panikattacken, Angst 14
paranoide, wahnhafte Depression 72
Parkinson, Depression bei 28
Partnerkonflikte 55f, 58, 60
Persönlichkeit 45
Pflege 134f
Pflanzliche Mittel 129ff
Pharmakogene Depression 29f
Pharmakotherapie 126ff
Physiotherapie 125f
Prävention 141ff
Progressive Muskelentspannung 124
Pseudo-Demenz 25

psychische Faktoren 45ff
Psychomotorik-Symptome 14f
Psychopharmaka 126ff
Psychose 72
Psychotherapie 95ff, 112
– interpersonale 109
– sinnorientierte 112f
– tiefenpsychologische 110
– Verhaltenstherapie 97ff

reaktive Depression 26, 36
Rehabilitation 134f
rehabilitative Prozeßpflege 134f
rezidivierende affektive Störung 34, 70
Rückfallverhütung 71, 76, 107, 144

Scham 13
Schlafentzug 131
Schlafmittel 131
Schlafstörungen 37, 131
Schlüsselfragen an Depressive 19f
Schmerzen, chronische 37
Schuldgefühle 13, 114f
Schuldwahn 73, 81
Selbstanklagen 12f, 19, 111
Selbsthilfegruppen 116, 123, 138
Selbsttötung, siehe Suizid 77ff
Selbstvorwürfe 12f, 19, 111
Selbstwertverlust 6, 78, 111
Serotonin-Wiederaufnahme-Hemmer 24, 128f
Sexualität bei Depression 38
sinnorientierte Erklärung 52f
sinnorientierte Therapie 112f
Somatische Symptome 15f
Somatogene Depression 27f
Somatotherapie 124ff
soziale Entstehungsfaktoren 64ff
soziale Ressourcen 39
Soziotherapie 116ff
Stimmungsschwankungen 10
Störung, anhaltende affektive 35
Streß, Streßachse 44
Stupor, depressiver 18, 72f
Sucht und Depression 24
Suizid 7ff
– Drohung 81

- Entwicklung zum Suizid 81
- Erklärungsversuche 78ff
- Fehler im Umgang mit Gefährdeten 88
- Häufigkeit 77
- Hinweise 80ff

Suizidrisiko, Abschätzung 80ff
Symptome, depressive 12ff

Tagesplan, -protokoll 97, 101, 108
Tagesstrukturierung 101, 144
Therapiemöglichkeiten 7 5, 89ff
tiefenpsychologische Erklärung 51
tiefenpsychologische Therapie 110
Training der ATL 135f
Trauer und Depression 21ff, 112

Übungen 101f
Umgang mit Depressiven 89ff
Umstrukturierung, kognitive 98, 103ff
Unruhe, innere 15f

Veranstaltete Depression 63
Verarmungswahn 73
Vereinsamung 64, 79
Vergeßlichkeit 25
Verhaltenstherapie, kognitive 97ff
Verluste 42f
Versagenszustände 26
Vitalstörungen 15
Vulnerabilität 44

Wachtherapie 131
Wahn, depressiver 18, 72f
Winterdepression 34

Zentrum, gerontopsychiatrisches 144
Zukunftsperspektiven 39, 50, 141ff
Zwänge 14
Zwischenhirnstörung 44
Zyklothymie 35

169

Martin Teising
Alt und lebensmüde

Suizidneigung bei älteren Menschen

(Reinhardts Gerontologische Reihe; 6)
1992. 196 S. 6 Abb.
(3-497-01270-X) kt

Selbstmord im Alter ist ein tabuisiertes Thema, über das selten gesprochen wird. Dabei steigt die Suizidrate mit dem Lebensalter kontinuierlich an. Kann Alterssuizid eine freie Willensentscheidung sein? Prof. Dr. Martin Teising erläutert soziologische, psychologische und psychoanalytische Theorien zur Alterssuizidalität. Typische Übertragungs- und Gegenübertragungsphänomene werden geschildert. Ein therapeutisches Konzept für diese Klienten/Patienten wird erstmals vorgestellt. Es basiert auf einem psychodynamischen Verständnis und verbindet einen psychotherapeutischen mit einem sozialarbeiterischen Zugang. Dieses Konzept hat sich in unterschiedlichen psychosozialen Zusammenhängen bewährt und kann allen in der Altenarbeit Tätigen einen Ansatzpunkt für ihre Arbeit bieten. Die Fallbeispiele machen das Buch vor allem für betroffene ältere Menschen und deren Familie zu einer wichtigen Orientierungshilfe im Umgang mit dem Thema Selbstmord im Alter.

Pressestimmen

„Dem Autor ist es gelungen, komplizierte psychodynamische Zusammenhänge in verstehbarer Sprache zu schildern. Das Buch von Teising ist eine Hilfe für alle Berufsgruppen, die mit alten Menschen zu tun haben."
Dt. Krankenpflege-Zeitschrift

„Sehr überzeugend leitet der Autor die Legitimation, ja sogar die Verpflichtung zur Suizidprävention im Alter ab. Eine wertvolle Orientierungshilfe für alle in der Altenarbeit Tätigen!" *Zeitschrift für Gerontologie*

Ernst Reinhardt Verlag • München Basel
E-Mail: info@reinhardt-verlag.de
http://www.reinhardt-verlag.de

Johannes Kipp / Gerd Jüngling
Einführung in die praktische Gerontopsychiatrie

Häufig sind psychische Erkrankungen im Alter fehlgeschlagene Versuche, mit lebensgeschichtlich bedeutenden Verlusten fertig zu werden. Die vorliegende Einführung in die praktische Gerontopsychiatrie, die jetzt in der 3., neu bearbeiteten Auflage im Ernst Reinhardt Verlag erscheint, bietet für alle Berufsgruppen, die mit alten, psychisch kranken Menschen zu tun haben, aber auch für Angehörige eine fundierte Grundlage. Das Buch informiert über Diagnostik, Therapie und optimale Versorgungsmöglichkeiten. Zahlreiche Fallbeispiele führen die fachgerechte Umsetzung vor Augen. Im Zentrum stehen dabei die zwischenmenschliche Beziehung und der „verstehende Zugang".

Zum verstehenden Umgang mit alten Menschen

(Reinhardts Gerontologische Reihe; 19)
3., neu bearb. Auflage 2000
286 Seiten. 12 Abb.
(3-497-01521-0) kt

Aus dem Inhalt

Altern und die Entstehung psychischer Alterskrankheiten: Theorien des Alterns. Vorbeugung psychischer Erkrankungen. Verstehensproblem in der Beziehung zu alten Menschen
Gerontopsychiatrische Krankheitslehre oder Antworten auf Verluste: Trauern heißt Abschiednehmen. Rituale als Antwort aufs Alleinsein. Angst. Sexualität. Flucht in die Aktivität. Depression. Psychosomatik. Krankheit zum Tode
Praxisfelder der Gerontopsychiatrie: Alte Menschen in der eigenen Wohnung. Versorgungssystem der Altenhilfe. Finanzielle und rechtliche Regelungen
Umgang, Pflege und Therapie in der Gerontopsychiatrie: Körperliche Zuwendung. Realitätsorientierungstraining. Gruppenarbeit. Therapien. Psychopharmaka

Ernst Reinhardt Verlag • München Basel
E-Mail: info@reinhardt-verlag.de
http://www.reinhardt-verlag.de

Erich Schützendorf
Das Recht der Alten auf Eigensinn

Ein notwendiges Lesebuch für Angehörige und Pflegende

(Reinhardts Gerontologische Reihe; 13)
2. Auflage 1999
228 Seiten. 8 Abb.
(3-497-01416-8) kt

Es gibt nichts Schwierigeres als Beziehungen heißt es gemeinhin. Am schwierigsten aber sind Beziehungen zu Menschen, die sich nicht mehr an Verhaltensregeln halten können, die von Normen abweichen und den Ausdruck ihrer Freuden, Ängste, Phantasien, Bösartigkeiten und Gelüste nicht mehr kontrollieren können.

Der Autor eröffnet ungewohnte Sichtweisen, indem er vertraute Reaktionsformen von Angehörigen und Pflegenden in Frage stellt und Vorschläge für andere Formen des Umgangs anbietet. Mit viel Verständnis und Nachsicht für die menschlichen Schwächen beider Seiten werden Wege zu einem gelassenen und entlastenden Umgang mit den „starrsinnigen Alten" aufgespürt.

Aus dem Inhalt

Die alltägliche Erziehung, die niemand will
  Beginn der Erziehung: Frau Schmitz ist nicht mehr die alte – Um alte Menschen muß man sich kümmern – Wer erzieht wen? – Wenn Alter zum abweichenden Verhalten wird – Ein dunkles Kapitel: heimliche und verheimlichte Erziehung – Entlastung durch Erziehung?
Die unerträglichen Alten und das doppelte Leiden der Pflegenden
Die Verhinderung von Erziehung, an der alle leiden
  Wenn die Alten wie die Kinder werden – Es gibt viele Normalitäten. Wege aus und in andere Welten – Ein anderer Umgang mit der Zeit. Frau Küster tickt nicht richtig – Die Schätze der Kindheit heben – Aushandeln von Kompromissen. In der Beziehungsarbeit gibt es keine Lösungen – Probieren geht über Studieren.
Übungen und Reflexionen

Ernst Reinhardt Verlag • München Basel
E-Mail: info@reinhardt-verlag.de
http://www.reinhardt-verlag.de

Harald Blonski (Hrsg.)
Alte Menschen und ihre Ängste

Angst gehört zu unserem Leben, und so wie bestimmte Formen der Angst mit der Kindheit eng verbunden sind, haben auch alte Menschen ihre Ängste. Dazu gehören die Angst vor gesundheitlichen Einbußen und den dadurch bedingten Einschränkungen, vor der Endgültigkeit des Daseins und des Gewesenen, vor dem Tod, vor der Einsicht in das Nichtrückgängigzumachende, Nichtaufzuhaltende, vor der Unumkehrbarkeit aller Lebensläufe. Konkrete Ängste um Finanzen oder einen Heimeinzug o. ä. kommen im Einzelfall hinzu.

Ursachen, Behandlung, praktische Hilfen

(Reinhardts Gerontologische Reihe; 11)
1995. 237 Seiten
(3-497-01354-4) kt

Dieses Buch erklärt aus der Warte unterschiedlicher Wissensgebiete und Praxisfelder die Ängste alter Menschen und zeigt Möglichkeiten der Behandlung bzw. des sinnvollen Umgangs mit Angst und Angststörungen im Alltag auf.

Aus dem Inhalt

A. Maercker: Ängste und Angststörungen im Alter
J. Kemper: Medizinische und psychotherapeutische Ansätze
R. J. Boerner: Angst im Alter aus psychiatrischer Sicht
E. Hinze: Angst und Alter: eine psychoanalytische Annäherung
M. Haupt: Behandlung von Angst und Aggression bei Demenz
M. Osterheider und J. Pach: Teilstationäre und ambulante Behandlungsstrategien bei Angststörungen im Alter
I. Ullrich: Mit Angst umgehen in der stationären Altenhilfe
I. Weiss: Mit Angst umgehen in der häuslichen Krankenpflege
H. Schneider-Leßmann: Angst und Glaube – Erfahrungen eines Seelsorgers

Ernst Reinhardt Verlag • München Basel
E-Mail: info@reinhardt-verlag.de
http://www.reinhardt-verlag.de

Harald Blonski (Hrsg.)
**Wahn und wahnhafte
Störungen im Alter**

Ursachen,
Behandlung,
praktische Hilfen

(Reinhardts Gerontologische Reihe; 14)
1997. 179 Seiten
(3-497-01417-6) kt

Wahn und wahnhafte Störungen sind oft ein schwer zugängliches Phänomen, umso mehr, wenn im Alter noch weitere Erkrankungen hinzukommen. Zu den Wahninhalten zählen vor allem die Vorstellungen, bestohlen, verfolgt oder vergiftet zu werden, aber auch Schuld-, Versündigungs- und Verarmungsphantasien.

Dieses kompetente, psychiatrische Fachbuch befasst sich mit der Symptomatik, der Diagnostik und den therapeutischen Möglichkeiten. Es zeichnet sich auch dadurch aus, dass es dem Leser für die Praxis im Heimalltag, in der Tagesklinik, dem ambulanten Dienst etc. erprobte Vorschläge für Betreuung und Pflege anbietet.

Aus dem Inhalt

J. Kipp: Wahn bei alten Menschen aus psychiatrischer Sicht – ein verstehender Zugang
E. Krebs-Roubicek: Pharmakologische Behandlung von Wahnsymptomen und Wahnerkrankungen alter Menschen
Th. Fuchs und M. Haupt: „Beistandswahn" im Verlauf einer paranoiden Alterspsychose
M. Schunk: Möglichkeiten und Grenzen tagesklinischer Behandlung
R. Lohscheller: Eine besondere Art der Übergangspflege bei alten Menschen mit Wahnstörungen
W. Schumacher und J. Spahr: Probleme und Lösungsansätze im Heimalltag
B. Lauffer- Spindler und A. Kenner: Wahnerkrankungen aus der Sicht des Sozialpsychiatrischen Dienstes für alte Menschen. Ein Erfahrungsbericht

Ernst Reinhardt Verlag • München Basel
E-Mail: info@reinhardt-verlag.de
http://www.reinhardt-verlag.de

Rolf D. Hirsch
Lernen ist immer möglich

»Was Hänschen nicht lernt,
lernt Hans nimmermehr«.

Rolf Hirsch räumt auf mit dieser überholten Vorstellung, der Mensch sei im Alter zu starr und zu uneinsichtig. Ältere und alte Menschen sind durchaus in der Lage, Neues zu lernen, ihr Verhalten gezielt zu ändern. Ein im Laufe des Lebens erlerntes störendes Verhalten kann auch verlernt werden. Die Verhaltenstherapie bietet heute eine ganze Palette von Methoden an. Das Buch ermutigt, mit älteren und alten Menschen zu arbeiten, gibt erprobte Konzepte weiter und ist nicht zuletzt auch ein Gewinn für kundige ältere Leser.

Verhaltenstherapie mit Älteren

(Reinhardts Gerontologische Reihe; 2)
2., aktual. Aufl. 1999
171 Seiten. 6 Abb.
(3-497-01475-3) kt

Pressestimmen

„Dieses Buch eines Mediziners und Diplompsychologen will eine Lanze brechen für den richtigen Einsatz der „Verhaltenstherapie mit Älteren". Eingehend werden u. a. die methodischen Schritte der Verhaltensdiagnostik und Verhaltensanalyse sowie wesentliche verhaltenstherapeutische Verfahren geschildert, so daß auch Leser, die keine alten Menschen betreuen, aber an der Verhaltenstherapie interessiert sind, auf ihre Kosten kommen." *Arzt und Seelsorger*

„Mit der Zunahme der Alten-Population gewinnen Prävention und Rehabilitation zunehmend an Bedeutung. Hierzu kann Verhaltenstherapie einen wichtigen Beitrag leisten. Sehr ermutigend ist die (mit verschiedenen Beispielen belegte) Überzeugung des Autors von der „Therapierbarkeit" dieser allgemein als ‚schwierig' geltenden Klientengruppe. – Nachdrücklich empfohlen." *ekz-Informationsdienst*

Ernst Reinhardt Verlag • München Basel
E-Mail: info@reinhardt-verlag.de
http://www.reinhardt-verlag.de

Rolf D. Hirsch / Michael Hespos
Autogenes Training bis ins hohe Alter

Basistherapeutikum und Gesundheitsförderung

(Reinhardts Gerontologische Reihe; 9)

2000. 255 Seiten.
10 Abb. 9 Tab.
(3-497-01321-8) kt

Das Autogene Training ist das am häufigsten eingesetzte Entspannungsverfahren. Für ältere Menschen ist es ein bewährtes „Basistherapeutikum", es setzt an vorhandenen Fähigkeiten an. In sechs Übungen kann – unter Anleitung – das Entspannen erlernt werden. Jede Übung wird verständlich erläutert, Hilfen zur Durchführung werden vorgeschlagen und mögliche Störfaktoren besprochen. Durch das Üben entsteht nicht nur ein neues Körpergefühl, sondern auch ein positives psychophysisches Gleichgewicht mit verbesserter Lebensqualität, Kreativität und Gelassenheit. Das Autogene Training fördert damit letztlich auch Selbstsicherheit und kognitive Fähigkeiten.

Die Autoren geben in diesem Buch auch ihre Erfahrung mit AT bei spezifischen Problemen älterer Menschen wie chronischen Leiden, Medikamenteneinnahme etc. weiter. Durch zahlreiche Fallbeispiele und praktische Tipps werden die Erläuterungen anschaulich ergänzt.

Aus dem Inhalt

Theoretischer Teil: Des Lebens Weite und Enge. Der alternde Körper. Sinn und Ziele der Entspannung. Indikatoren und Kontraindikatoren. Einsatzmöglichkeiten
Praktischer Teil: Voraussetzungen. Übersicht über den Kursverlauf. Übungen. Konzentration. Formelhafte Vorsatzbildung. Autogene Imagination
Aspekte zum Autogenen Training: Basistherapeutikum. Multimorbidität. Progressive Relaxation. Prävention
Untersuchungsergebnisse: Fachdiskussion. Ergebnisse über die Wirkung bei älteren Menschen

Ernst Reinhardt Verlag • München Basel
E-Mail: info@reinhardt-verlag.de
http://www.reinhardt-verlag.de